불 교 인 성 동 화

보리나무 쑥쑥

보리나무 쑥쑥

김미숙

동국대학교 다르마 칼리지 조교수이며, 철학 박사이다. 전남대학교 법과대학 법학과 졸업, 동국대학교 대학원 인도철학과에서 석사와 박사 과정을 졸업했다. 『인도 불교와 자이나교-슈라마나 전통과 사상』, 『자이나 사상-인도 문화와 종교 철학의 뿌리』, 『불교 문화』, 『인도 불교사』 등의 저서가 있고, 공저로 『요가와 문화』 등이 있다. 아동용으로는 『아함경』, 『단우의 탄생 이야기』, 『쭈글이 원숭이』, 『어떡해! 뚱보 왕』 등이 있다.

김정연

애니메이션과 시각디자인을 공부하였고, 일러스트와 모션 그래픽 작업을 하고 있다.

보리나무 쑥쑥

초판 1쇄 인쇄 2022년 6월 17일
초판 1쇄 발행 2022년 6월 23일

글 김미숙 ‖ **그림** 김정연

펴낸이 오종욱
발행처 올리브그린
주소 경기도 파주시 회동길 145, 아시아출판문화정보센터 연구동 2층 201호
이메일 olivegreen_p@naver.com ‖ **전화** 070-6238-8991 ‖ **팩스** 0505-116-8991

© 2022 김미숙

ISBN 978-89-98938-50-5 03220 ‖ **값** 20,000원

• 2018년 대한민국 교육부와 한국연구재단의 지원을 받아 수행된 연구입니다(NRF-2018S1A5A2A01039072).
• 이 책의 내용 전부 또는 일부를 재사용하려면 반드시 동의를 얻어야 합니다.

불 교 인 성 동 화

보리나무 쑥쑥

김미숙 글
김정연 그림

어른과 아이가 함께
보고 생각하며 키워나가는
인성 이야기

이야기를 시작하기 전에

이 책에 담긴 이야기에는 옛사람의 심오한 상징과 지혜가 담겨 있습니다.

동물과 식물, 사람들이 한데 어우러져 살던 시절의 인도를 배경으로 펼쳐지는 이야기마다 행복한 삶을 위한 보물이 숨겨져 있습니다. 아주 먼 옛날의 이야기 같지만, 수천 년이 지난 지금도 우리들에게 꼭 필요한 삶의 태도와 인성을 갖추는 데 도움을 줄 것입니다.

인간의 성품과 인격 도야의 중요성은 아이의 세계와 어른의 세계에서 다를 게 전혀 없습니다. 이 책의 이야기를 읽고 느끼는 삶의 지혜는, 아이와 어른 모두에게, 예나 지금이나 기본적인 품성과 소양에 똑같이 적용될 도덕률이기 때문입니다.

이 책에 담긴 이야기들은 인도의 옛 책『자타카』와『판차탄트라』에 나오는 것들을 소재로 하여 필자가 현대에 어울리도록 고쳐 쓴 것입니다. 예부터 두 고전 모두, 아이의 것만도 아니고 어른의 것만도 아니었습니다.

흥미로운 이야기 속에 담긴 비유와 은유를 통해서, 아이와 어른의 상상력과 표현력은 더욱 더 풍부해지고 지혜로운 인성을 기르는 데 도움이 되기를 바랍니다. 아무쪼록 아이와 어른, 모두가 이 책을 들고서 함께 읽는 동안에 긴긴 이야기 꽃 피우길 두 손 모아 기원합니다.

2022년 4월 7일

김미숙

이야기 차례

앵무새와 코브라

인도의 어느 마을에 아주 커다란 반얀 나무 한 그루가 자라고 있었어요. 그 나무는 손톱보다 작은 씨앗에서 싹이 트면, 어마어마한 높이로 자라는 나무랍니다.

반얀 나무는 키도 아주 컸지만, 그 품도 매우 넓었습니다. 그 나무의 뿌리부터 꼭대기에 이르기까지, 갖가지 벌레와 동물들이 함께 집을 짓고 의지하며 살고 있었어요.

그 중에서 앵무새 한 쌍은 동쪽 가지에 자리를 잡았습니다.

늙은 코브라 한 마리는 남쪽 밑둥치에 구멍을 파고 산 지 매우 오래되었습니다.

앵무새 부부는 금실이 참 좋았습니다.

하루를 시작하는 아침나절에는 유독 더 말이 많았어요.

"크이이 크이이 크으이익……."

"여보, 여보. 오늘은 어디 갈까?"

"쿠으으 쿠으으 쿠으우욱……."

"그래, 그래. 거기 먼저 갑시다."

앵무새들이 하도 시끄러워서 늙은 코브라는 아침마다 기분이 썩 좋지 않았습니다. 더구나 나이 탓인지 날이 갈수록 몸도 아프고 힘도 없어서 먹이를 구하러 나갈 수조차 없게 되었어요.

"어휴, 참말 시끄러운 새들이네. 뭐가 저리도 할 말이 많을까?
으으으 으으윽, 아프고 힘도 없고 오늘도 그냥 굶어야 하나?"

그렇게 코브라는 날마다 굶는 날이 많아져 갔습니다. 아무것도 먹지 못하는 날이 늘어갈수록 코브라는 살이 쭉 빠지고 허약해졌습니다.

그러던 어느 날 아침이었습니다. 코브라는 솔솔 풍겨 오는 맛난 냄새에 이끌려서 슬슬 굴 밖으로 기어 나갔습니다. 굴 입구에는 먹음직스러운 음식이 놓여 있었습니다.

"그것 참 이상하네. 나더러 먹으란 건가? 누구지?
누가 이 맛난 것을 가져다 놓았을까?"

아주 잠깐 동안, 코브라는 그런 생각을 해 보았습니다. 하지만 몹시 배가 고팠던 코브라는 먼저 배를 채우고 나서 생각하기로 마음먹었습니다.

다음날 아침, 코브라는 또 음식 냄새에 이끌려서 눈을 떴습니다. 그렇게 날마다 코브라는 누군가 가져다주는 음식을 먹으면서 기력을 회복하기 시작했습니다. 몸이 좋아진 코브라는 기분도 차츰차츰 좋아졌습니다.

어느 날 아침, 코브라는 오랜만에 먹고 싶은 음식이 생각나서 몸치장을 하고, 굴 밖으로 머리를 쓰윽 내밀던 그 때였습니다. 앵무새 부부가 맛난 음식을 입에 물고 와서 굴 입구에 놓아두고 포르르 날아갔습니다.

코브라는 그제야 알아챘습니다.
지금까지 누가 음식을 가져다 놓았는지를!
코브라는 고개를 들어서 앵무새 둥우리가 있는 곳을 바라보았습니다.

그 사이 앵무새 부부에게는 새끼들이 태어났는지, 훨씬 더 시끄러웠습니다. 그런데 참 이상하게도, 예전에는 시끄럽기만 하던 앵무새 소리가 아름다운 노랫소리로 들리기 시작했습니다.

"까르르 끄으으이 까르르르."
"꾸르르 꾸우으이 꼬오오이."

그 날부터 늙은 코브라와 앵무새 가족은 사이좋은 친구가 되어 오래도록 행복하게 살았답니다.

두루미와 자라

저 머나먼 인도에는 산에서 흘러 내려온 물이 잠시 쉬었다 가는 커다란 호수가 있었습니다. 그 호수는 바다로 흘러가는 물방울뿐만 아니라 새와 동물들도 쉬어 가는 놀이터였습니다.

물고기랑 새랑, 여러 동물이 목도 축이고, 먹잇감으로 배도 채우면서 놀던 호숫가에는 언제나 웃음소리가 끊이지 않았답니다.

"호이잇 호이잇……."
"쓰루쓰루, 치이치이……."
"슈우욱 쉬이익, 슈우욱 쉬이익……."

마치 날마다 시끌벅적한 장이 열린 것 같았습니다.

날씨가 차츰차츰 서늘해지고 겨울이 오면, 높다랗게 솟은 히말라야 산을 넘어 새들이 날아왔습니다. 올해도 잊지 않고 그 새들이 호수로 날아 왔습니다. 눈부시게 하얀 두루미였습니다.

그 때 호수를 들락날락, 이리저리 쏘다니며
여기저기 참견하던 자라가 있었습니다.
자라는 아는 것도 많고, 호기심도 많아서
쉬지 않고 재잘재잘, 말이 아주 많은
수다쟁이였습니다. 그래서 모두가
자라를 '참새'라고 불렀답니다.

그 참새, 아니 자라의 눈 속에 두루미가 들어왔어요.

하얀 두루미는 한쪽 발로만 멋들어지게 서 있었어요.

"너 어디서 왔니?"

"우리는 저 멀리 히말라야 산 너머 시베리아에서 왔단다."

자라가 말했습니다.

"아, 그래? 시베리아? 으음, 정말로 궁금하구나."

잠시 생각하더니 자라가 또 물었습니다.

"너, 언제쯤 그리로 다시 갈 거야?"

두루미가 대답했습니다.

"좀 더 따뜻해지면, 우리 집으로 다시 가야지."

그러자 자라는 목을 있는 힘껏 쭉 빼서 저 멀리 히말라야 산 너머를 바라보았습니다.

'저 멀리에 또 다른 세상이 있단 말이지. 난 갈 수 없을까?'
'어떻게 하면 그 곳에 갈 수 있지?'

그 때부터 자라는 시베리아가 어떤 곳인지 몹시
궁금해졌습니다. 그렇게 말이 많던 자라가 아주 조용해졌습니다.
자라의 머릿속에는 온통 시베리아 생각만으로 가득 차서,
다른 것에 대한 흥미를 완전히 잃어버리고 말았어요.

참새 같이 재잘대던 자라는 이제 한 마디 말도 없이 하루하루를
보냈습니다. 완전히 딴판으로 변해 버린 자라에게 누구도 수다스런 참새라
고 부르지도 않았대요.

날이 흘러서 두루미가 호수를 떠날 때가 왔습니다. 자라는 두루미들이
떠날 채비를 하자, 더욱 더 마음이 슬펐습니다. 물속에도 거의 들어가지 않
고, 호숫가에서 두루미들을 쳐다보면서 힘없이 혼잣말을 중얼거리곤 했습
니다.

"그 곳에 갈 수 있다면, 얼마나 좋을까?"

곁에 있던 흰 두루미 부부가 그 말을 들었습니다.

"으음, '참새'야! 우리가 데려다 줄까? 저기 시베리아?"

"우리랑 같이 갈 수 있겠어?"

"자라야, 함께 가자, 응?"

조금 뜸을 들이면서 고민하던 자라가 힘없이 가느다란 목소리로 대답했습니다.

"정말 가고 싶은데 말이야, 나 어떡하지? 날개가 없어."

두루미 부부는 꾀를 내어 말했습니다.

"이렇게 하면 될 것 같아."

그러고서는 남편 두루미가 긴 막대기 하나를 물고 왔습니다. 두루미는 자라에게 막대기 가운데를 입으로 꽉 물고 있으라고 당부하였습니다.

두루미 부부가 막대기 양 끝을 물고서, 하늘을 향해 날아오르기 시작했습니다. 자라의 눈에는 참말로 멋진 광경이 펼쳐지기 시작했습니다.

그런데 날아가는 두루미와 자라를 보던 사람들이 놀라서 말했습니다.

"저기 봐. 저기, 두루미, 두루미!"
"저기, 두루미가 물고 가는 것이 뭐지?"

그 말을 들은 자라가 뽐내면서 대답했어요.

"나야 나, 참새 자라!"

그런데 그 말이 끝나기가 무섭게 자라는 땅으로 툭 떨어져 버렸어요.

"아아아악!"

자라의 딱딱한 등이 쫙, 갈라지고 말았어요. 자라는 그제야 비로소 말대
꾸한 것을 후회했지만, 이미 너무나 늦어 버린 뒤였답니다.

야자 열매와 토끼

그 옛날 인도의 서쪽 땅에 아름다운 숲이 있었습니다. 온갖 나무들이 철마다 꽃을 피우고 열매를 맺고, 다시 싹이 돋아 새로운 나무로 자라나는 멋진 숲이었답니다. 그 숲에는 나무를 친구로 삼아 살고 있던 동물들도 참 많았습니다.

어느 더운 여름날, 하얀 토끼가 야자나무 그늘 아래 누워 있다가 스르르 잠이 들었습니다.

"타다닥!"

하얀 토끼는 갑작스런 소리에 놀라서 번쩍, 눈을 떴습니다.

"어어, 뭐지? 땅이 꺼지는 소리야? 하늘이 쪼개지는 소리야?"

하얀 토끼는 유난히 겁이 많았습니다. 두려운 마음에 사로잡힌 토끼는 정말로 땅이 꺼진다고 느끼기 시작했습니다. 토끼는 덜덜 떨면서 꼼짝도 하지 못했습니다.

"땅이 무너지고 말 거야. 어떡하지? 어떡해!"

토끼는 우선 그 땅을 벗어나기로 결심하고, 힘껏 내달리기 시작했습니다.

헐떡거리며 뛰어가는 하얀 토끼를 본 누런 토끼가 물었습니다.

"너 어디 가? 무슨 일이야?"

"땅이 곧 무너진대."

"그래? 어떡하지?"

하얀 토끼의 말을 들은 누런 토끼도 깜짝 놀라면서, 덩달아 뛰기 시작했습니다. 두 마리 토끼가 뛰어가는 모습을 본 금빛 사슴이 물었습니다.

"너희들 어디 가?"

누런 토끼가 매우 숨찬 목소리로 대답했습니다.

"금방, 땅이 꺼져 버린대요."

사슴은 그 말을 듣고 너무 놀라서 울기 시작했어요. 이리저리 펄쩍펄쩍 뛰던 사슴은 낮잠을 자던 멧돼지를 밟고 말았습니다. 검은 멧돼지가 잠에서 깨어나 엉엉 우는 사슴을 붙잡고 물었습니다.

"무슨 일 났어? 슬픈 일이야?"

금빛 사슴은 울먹이면서 말했습니다.

"이 세상이 무너진대요."
"뭐라고? 세상이 무너진다고? 큰일 났군."

멧돼지도 사슴과 함께 달아나기 시작했습니다. 달아나는 하얀 토끼를 보고 다른 토끼들도, 금빛 사슴을 보고 다른 사슴들도, 검은 멧돼지를 보고 다른 멧돼지들도, 모두 모두 함께 뛰어가기 시작했습니다.

토끼와 사슴과 멧돼지가 무리를 이루어서 급히 뛰어가는 모습을 본 코뿔소도 무작정 함께 뛰어가기 시작했습니다. 코뿔소가 달려가자, 코끼리가 속력을 내면서 뒤따라갔습니다. 코끼리가 무리를 지어서 달려가자, 이어서 호랑이가 뒤쫓으며 바람 소리를 냈습니다.

숲에 사는 동물들이 모두 함께 뛰어가기 시작했습니다. 덩치 큰 코끼리부터 호랑이, 코뿔소, 멧돼지, 사슴, 토끼에 이르기까지 모두 같이 뛰어가자, 땅이 울리기 시작했습니다.

"쿠궁 쿵쿵······."

땅이 우는 소리는 메아리가 되어, 온통 숲을 채우고 나무들도 덜덜 떨기 시작했습니다. 그 때, 높은 바위에 앉아서 이 모든 광경을 지켜보고 있던 사자가 달려가는 동물의 무리를 가로막았습니다.

"너희들은 어디를 그리 급히 가는 거냐?"
"온 세상이 무너진대요. 우리는 땅을 피해서 바다로 가는 중이에요."

사자는 전혀 놀라지 않았어요. 사자는 세상이 무너진다는 소문을 하나하나 차분히 따져 물었습니다. 먼저 호랑이에게 묻고 나서, 다시 또 코끼리, 코뿔소, 멧돼지, 사슴, 누런 토끼, 그리고 하얀 토끼에게 꼬치꼬치 캐물었습니다.

결국 사자는 소문의 진실을 훤히 드러내 주었습니다.
그저, 야자 열매 한 개가 땅에 떨어졌을 뿐이라는 사실을!
그제야 비로소, 숲 속의 모든 동물들이 한바탕 소동을 끝내고 제자리로 돌아갔답니다.

비루파 왕자와 나뭇잎

아주 옛날 인도에는 바이샬리라는 아름다운 도시가 있었습니다. 바이샬리에는 화려하고 멋진 건물이 가득했고, 모든 사람들이 평화롭게 지냈습니다.

범달 왕은 오로지 백성들의 행복을 위해서 온 힘을 쏟았으며, 성벽을 세 겹이나 쌓을 정도로 튼튼히 나라를 지켰습니다. 온 나라에 아무런 걱정이 없다고 할 만큼 태평성대였습니다.

그렇지만 그 때, 범달 왕에게는 딱 한 가지 고민이 있었어요. 왕은 걱정 때문에 밤마다 잠을 편히 잘 수도 없었대요. 아들 비루파의 나쁜 성격을 고칠 방법이 없었기 때문입니다.

"이를 어째, 이를 어째."

비루파는 아침부터 저녁까지 제멋대로 굴며 온갖 못된 짓을 다하였습니다. 그 때문에 궁 안의 모든 사람들은 너무나 힘이 들었고, 그 사실은 궁 밖으로도 퍼져 나가 모두 함께 걱정하기 시작했습니다.

비루파는 날마다 화를 내고, 시비를 걸며, 싸움을 벌이고, 그 누구의 말도 듣지 않았습니다. 만약에 하지 말라는 충고라도 듣게 되면, 곱절로 화를 내며 주변을 난장판으로 만들기 일쑤였어요.

어느 날 밤, 범달 왕은 왕비에게 말했습니다.

"비루파, 쟤는 도대체 누굴 닮아서 저 모양이란 말이오?"

왕비는 한숨을 쉬면서 말없이 외면하였습니다. 범달 왕이 다시 말했습니다.

"사람들이 비루파를 미친 코끼리라고 한다는데, 어쩌면 좋겠소?"

왕은 또 밤새도록 아들을 걱정하며 잠을 이루지 못했습니다.

'이름 난 스승들도 모두 포기해 버린 저 애를 어떻게 하면
바로 잡을 수 있을까?'

깊이 고민하다가 또 날을 새고 만 범달 왕은 아침 일찍 망루에 올라갔습니다. 거리를 오가는 사람들을 물끄러미 바라보고만 있던 범달 왕이 갑자기 소리쳤습니다.

"저기요, 스님, 스님!"

범달 왕은 곁에 있던 시종을 불러서, 길을 가던 스님을 가리키며 말했습니다.

"빨리 가서 저 분을 모셔 와라! 어서!"

재빨리 시종이 가서 그 스님께 공손히 절을 하고 말했습니다.

"스님, 왕께서 오시라고 합니다."

스님이 대답했습니다.

"국왕은 내가 누군지 알 턱이 없는데……."

시종이 스님을 겨우 설득하여 궁으로 모시고 오자, 범달 왕은 아들 얘기를 꺼내고 나서 정중하게 부탁을 드렸습니다.

"스님, 부디 못난 제 아들 비루파의 성격을 고쳐 주시기 바랍니다.
제발, 부탁드립니다."

간청하는 왕의 모습에 감동한 스님은 기꺼이 승낙했습니다. 그리고 스님은 비루파 왕자를 만나 보았습니다. 비루파를 보고 나서 스님은 아무런 말없이 걷기 시작했습니다. 그런 스님이 조금은 신기하다고 생각하면서,

비루파도 스님의 뒤를 따라 걸어갔습니다. 스님은 어린
나무 앞에 멈추더니 작은 이파리 하나를 따서 비루파에게
내밀었습니다.

"한번 씹어 보세요."

비루파는 작은 이파리를 입에 넣고 한두 번 씹자마자 곧바로 뱉어
버렸습니다.

"퉤퉤, 으앗!"
"맛이 어때요?"
"으으, 하악…… 카악, 카악."

비루파는 한참 동안 빈 입으로 겨우 다 토해 내고서야 말했습니다.

"너무 너무 씁니다, 스님. 스님, 이 나무를 당장 뽑아 버려야겠어요."
"으음, 그렇죠?"

스님은 아주 부드럽고 따스한 음성으로 비루파에게 말했습니다.

"비루파, 이 어린 나무의 이파리 하나가 이렇게 쓴데,
 나중에 다 자란 나무는 얼마나 쓸까요? 한번 생각해 보세요."

아무 말 없이 땅만 보고 서 있는 비루파에게 다가가서 다시 말했습니다.

"요즘 사람들은 이런 걱정을 한답니다. 어린 왕자의 성격이
 저렇게 난폭한데, 나중에 왕이라도 된다면 얼마나 더 포악해질까?
 지금이라도 나라 밖으로 추방시켜 버리자…….
 그러니까 비루파, 지금부터라도 정신 차리고 변해야 합니다.
 관대하고 자비로운 마음을 갖도록 애쓰기 바랍니다."

그로부터 비루파는 차츰차츰 변하기 시작했습니다. 애써 인자하고 겸손한 마음으로 누구에게나 자비를 베풀었습니다. 그리하여 훗날 왕위를 물려받은 비루파는 아주 멋지고 훌륭한 왕이 되었고, 백성들의 사랑도 듬뿍 받았답니다.

까마귀와 비둘기

아주 먼 옛날 인도의 바라나시 사람들은 새를 무척 좋아했답니다. 사람들은 집집마다 새장을 걸어두고 새를 위한 먹이를 마련해 두었습니다. 새들은 언제든지 새장을 찾아 날아가서 먹이도 먹고, 쉬기도 하고, 비도 피하고 밤잠을 자기도 했습니다.

어느 부유한 상인의 집에서도 부엌 문 앞에 새장을 달아 두고 새들에게 먹이를 주었습니다. 부엌에서 음식을 담당하던 요리사는 음식을 만들고 남은 푸성귀와 땅콩을 새장에 넣어 두었고, 수많은 새들이 그 새장을 자유롭게 들락거리며 맛나게 먹었답니다.

그 중에서도 하얀 비둘기 한 마리는 그 새장을 제집처럼 여기고, 밤마다 그 곳에서 잠을 잤답니다.

그러던 어느 날이었습니다. 새까만 까마귀 한 마리가 음식 냄새를 따라 그 집으로 날아들었습니다. 부엌 안에서 요리사는 생선과 고기를 듬뿍 다듬어 놓고 맛있는 음식을 준비하고 있었습니다. 까마귀는 쩝쩝 소리를 내고, 입맛을 다시면서 생각했습니다.

‘어떻게 하면 저 맛난 고기를 먹을 수 있을까?’

‘더러운 흙으로 범벅이 된 채 썩어 가는 고기보다

새빨간 저 고기는 참말로 맛날 거야.’

까마귀는 온통 고기 생각에 사로잡혀서 그 집을 떠날 수 없었습니다. 아쉬운 대로 부엌 문 앞의 새장 속에 들어가서, 부엌 안을 살피기로 했습니다.

해가 지고, 하얀 비둘기가 그 새장으로 날아 들어왔습니다. 착한 비둘기는 까마귀에게 기꺼이 잠자리를 내어 주었습니다.

다음날 아침에, 요리사는 새장 속에 두 마리의 새가 함께 잠들어 있는 모습을 보았습니다.

“비둘기야, 친구를 데려왔구나!”

요리사는 까마귀를 위한 새장을 하나 더 마련하여 나란히 달아 주었습니다. 비둘기는 요리사에게 아침 인사를 하고, 먹이를 찾아 들과 숲으로 날아갈 준비를 하였습니다. 그 모습을 본 까마귀가 말했습니다.

"나도 함께 가자, 응?"

"까마귀 넌, 먹는 게 나와 다르잖아? 난 말이야, 들판의 풀이나 숲 속의 나무 열매가 좋거든. 난 그런 거 먹어."

"그래? 나도 그래, 따라갈게. 같이 가자."

비둘기는 걱정스레 까마귀를 보더니, 말없이 포르르 날아갔습니다. 까마귀도 그 뒤를 따라 날아갔습니다.

비둘기는 쉬지 않고 부지런히 이곳저곳 날아다니며 열심히 먹이를 찾아 먹었습니다. 까마귀도 비둘기 곁에서 땅을 파거나 흙을 헤집고 벌레를 찾아 먹었습니다. 하지만 까마귀의 머릿속에는 온통 빨간 고기 생각뿐이었습니다.

'아아, 못 참겠다! 이런 벌레보다는 고기가 훨씬 맛날 거야.'

까마귀는 비둘기에게 아무 말도 하지 않고 슬며시 집으로 돌아왔습니다. 다행스럽게도 부엌에는 아무도 없었습니다. 까마귀는 고기 냄새를 따라서 이곳저곳을 뒤지기 시작했습니다.

마침내 고기가 담겨 있는 그릇을 찾았는데, 제법 무거운 뚜껑으로 닫혀 있었습니다. 하지만 고기를 먹고야 말겠다는 욕심에 사로잡힌 까마귀는 입으로 힘껏 뚜껑을 열어 젖혔습니다.

"뎅그렁……"

뚜껑이 떨어지는 큰소리에 깜짝 놀란 요리사가 부엌으로 들어왔습니다. 요리사는 허겁지겁 고기를 쪼아 먹고 있는 까마귀를 보고 얼른 부엌문을 닫아 버렸습니다. 고기에 정신이 팔린 까마귀는 금방 요리사의 손아귀에 잡히고 말았답니다.

"아이고, 이 못된 까마귀는 주지도 않은 고기를 탐내서
 몰래 훔쳐 먹고 난리구나."

화가 난 요리사는 까마귀의 털을 모조리 다 뽑아 버린 뒤에, 새장 속에 가두어 버렸습니다.

해가 서쪽으로 넘어갈 무렵, 하얀 비둘기는 다시 집으로 돌아왔습니다. 비둘기는 털이 다 뽑힌 채로 힘없이 누워 있는 까마귀를 보았습니다. 비둘기는 무슨 일이 있었느냐고 묻지 않았어요. 어쩌면 까마귀의 욕심 때문일 것이라고 짐작할 뿐.

어둑어둑 밤이 되자 비둘기는 털 빠진 까마귀를 등지고 누웠습니다. 단잠에 빠진 비둘기는 꿈나라 속으로 훨훨 날아다녔답니다.

긴 다리 영양과 사냥꾼

아주 옛날 인도 바라나시에 아름답고 멋진 숲이 있었습니다. 이파리가 독특한 나무, 예쁜 열매가 달린 나무, 달콤한 향기를 내는 과일 나무, 찬란한 꽃이 피는 나무……. 숲에는 온갖 나무와 꽃들이 저마다 한껏 뽐내면서 쑥쑥 자라났습니다.

그 숲에 유별나게 긴 다리의 영양 한 마리도 그 숲에 살고 있었습니다. 긴 다리 영양은 길상나무의 열매를 아주 좋아했습니다. 영양은 날마다 길상나무 열매를 먹기 위해 동쪽 숲으로 갔습니다. 동쪽에 있던 길상나무에는 아주 달콤한 열매가 열렸기 때문입니다.

그러던 어느 날, 이른 아침이었습니다. 생김새가 매우 사나운 사냥꾼 한 사람이 그 숲에 왔습니다.

"이 숲은 너무너무 조용해. 어째서 새 한 마리도 안 보이지?"

사냥꾼은 조심조심 숲을 돌아보았습니다. 그러다가 동쪽 숲길에서, 아주 예쁜 발자국이 쏙 쏙 나 있는 것을 보았습니다.
사냥꾼은 그 발자국을 따라가 보았습니다. 발자국은 길상나무 앞에서 뚝 끊겨 있었습니다.

'이 발자국은 누구 것일까?'

사냥꾼은 그 동네에서 흔히 볼 수 없는 발자국의 주인이 과연 누구일지 생각해 보았어요. 사냥꾼은 그 발자국의 주인이 누구이든지 사로잡아야겠다고 마음먹었습니다. 그러고 나서 함정을 파고 덫을 만들고 놓은 뒤에, 나무 위로 올라가서 기다리기 시작했습니다.

사냥꾼이 한참을 기다린 뒤에, 드디어 무슨 소리가 들렸습니다.

"사박사박, 스삭스삭……."

'어랏, 저것은 영양이구나! 오호, 멋진데!'

아름답게 잘 자란 영양의 뿔은 제법 멋있게 보였습니다.

'저 영양을 잡으면 뿔을 팔아야겠다.'

탐욕스런 사냥꾼은 어서 빨리 영양을 사로잡아서 시장에 내다 팔 궁리를 했습니다.

"사박사박, 스삭스삭……."

드디어 3미터, 2미터, 1미터……, 사냥꾼이 파놓은 함정에 거의 다 왔을 때였습니다.

"토독!"

쭉쭉 뻗은 긴 다리 영양의 발에 자그마한 돌이 걸렸습니다. 그 때까지 앞만 보고 걷던 영양이 그 돌을 치우고 땅을 살펴보았습니다. 긴 다리 영양은 그 주변의 흙 모양과 땅 냄새가 달라졌다는 것을 알아챘습니다.

'음, 뭔가 달라졌어. 어떡하지?'

그 모습을 눈여겨보던 사냥꾼도 영양이 낌새를 알아채고 도망가 버리면 안 된다고 생각했습니다. 함정과 덫 가까이로 오게 하려고, 사냥꾼은 열매 하나를 미끼로 훅 던져 주었습니다.

긴 다리 영양은 고개를 들어서 열매가 떨어지는 방향을 바라보았습니다. 나뭇가지 사이에 사냥꾼이 앉아 있었습니다. 긴 다리 영양은 사냥꾼을 보았지만, 못 본 체 시치미를 떼고 말했습니다.

"오늘은 참 이상한 날이야. 열매가 저절로 떨어지네?"
그리고 나무를 향해서 큰소리로 말했습니다.

"나무야, 나무야, 너 그러면 안 돼. 네가 달고 있는 열매를 아무렇게나 떨어뜨려 주면 안 돼. 나는 떨어진 열매는 안 먹는단 말이야. 나는 다른 곳으로 갈 거야."

그 말을 마치자마자 긴 다리 영양은 몸을 휙 돌려서 남쪽 숲을 향해 재빨리 뛰어가기 시작했습니다.

"아차, 놓쳤다."

혹시나 하면서 숨죽이며 바라보고 있던 사냥꾼은 길상나무에서 후다닥 내려왔습니다. 긴 다리 영양의 뒤를 쫓아가서 빨리 잡을 생각이었습니다.

하지만 사냥꾼은 자신이 깊이 파놓았던 구덩이를 깜빡 잊고 말았습니다. 사냥꾼은 길상나무에서 내려오자마자 깊은 구덩이 속으로 푸욱 빠져 버렸답니다.

살아 있는 겨울 나무

먼 옛날 인도의 간다라 지방에 유명한 스승이 있었습니다. 그 스승에게는 오백 명의 제자가 있었는데, 모두 함께 살고 있었습니다.

어느 추운 겨울날, 학생들은 땔감을 구하러 숲으로 갔습니다. 부지런히 땔감을 모으던 학생들 중에 카비라는 잔꾀 많은 아이가 있었습니다. 카비는 언뜻 보기에 말라죽은 듯이 서 있는 바루나 나무를 보고 생각했습니다.

'너무 피곤한데, 잠시 쉬었다가 이 나무를 베어 가야지.'

카비는 나무에 기대고 앉았다가 스르르 잠에 빠졌습니다. 나뭇잎도 하나 없이 말라비틀어진 가지만 달려 있던 바루나는 카비에게 따뜻한 햇살을 선물해 주었습니다.

한참이 지나서, 다른 학생들은 여기저기에서 주워 모은 땔감을 단으로 묶어 매고 지고 돌아갈 준비를 하였습니다. 그런데 그 때까지 나무 아래서 자고 있던 카비를 본 한 친구는 생각했습니다.

'쟤는 또 자는구나.'

항상 게으름 피우던 카비의 습관을 알기 때문에 그대로 두고 지나쳐 갔습니다. 또 다른 친구는 코를 고는 카비를 보고서, 발로 툭툭 차면서 말했습니다.

"야, 일어나! 빨랑 가자!"

그래도 카비는 너무 깊이 잠에 빠져서 깨어나지 못했습니다.

"퍽! 툭!"
"야야, 일어나!"
"카비, 일어나란 말이야, 벌써 다들 가 버렸어."

학생들 모두 다 돌아가고 맨 나중에 카비 곁을 지나가던 친구가 등을 세게 차서 깨워 주었습니다. 그제야 비로소 눈을 뜨고 정신을 차린 카비는 허겁지겁 나무 위로 올라갔습니다. 주변을 둘러보니 아무도 없고, 벌써 어둑어둑해서 무서웠습니다.

급한 마음에 카비는 이 가지 저 가지, 손에 잡히는 대로 꺾어대기 시작했습니다. 잠이 덜 깬 탓인지, 나무들은 잘 꺾이지도 않았고 마음대로 빨리 빨리 되지도 않았습니다.

갈수록 초조해진 카비는 억지로 애를 쓰다가 나뭇가지에 눈을 찔리고 말았습니다.

"으아악, 아파 아파! 으으으……."

카비는 눈을 다친 채로 대충대충 나무를 꺾어서 단을 묶고 질질 끌면서 되돌아왔습니다. 그는 땔감 더미의 맨 위에 자기가 해 온 나뭇단을 올려두고 방으로 들어갔습니다.

스승은 제자들에게 다음날 아침 일찍 죽을 끓여 먹고 나서 초대받은 집에 함께 가자고 말했습니다. 학생들은 죽을 끓일 당번을 정한 뒤에 하루 일과를 끝냈습니다.

날이 밝고 아침이 되자, 죽 당번은 맨 위의 땔감 더미를 내려서 불을 피우기 시작했습니다. 그러나 아무리 애를 써도 불은 일어나지 않고 매캐한 연기만 피어올라서 제때에 죽을 끓일 수 없었습니다.

결국, 죽 당번이 스승께 가서 자초지종을 말씀드렸습니다.

"무슨 까닭인지 불이 안 피워집니다."

스승은 화덕으로 가서 땔감을 살펴본 뒤에 그 이유를 알아챘습니다.

"이런 생나무로 불을 피우려고 했단 말이냐? 잘 마른 나뭇가지로 땔감을 해야지. 도대체 누가 이런 생나무를 꺾어 왔냐?"

주변에 모여든 학생들의 눈초리가 모두 카비로 향했습니다. 누구도 말을 하지 않았지만, 모두가 한마음으로 카비를 원망하고 있었습니다.

'너 때문이야.'
'너 때문에 아침 죽은 다 먹었다.'
'나무 아래서 잠 잘 때, 벌써 알아봤다.'

'또, 저 놈 때문이야?'

하지만 어제 눈을 다친 카비는 자신을 비난하는 침묵의 눈초리를 못 본
체 흘려들었어요. 스승은 카비를 가만히 불러서 타일렀습니다.

"카비야, 남들이 열심히 일할 때 잠자고 게으름 피운 것보다
  더 잘못한 일이 있단다. 그건 살아 있는 생나무를 땔감으로
  꺾어 온 거야."

"잎이 하나도 없어서 죽은 나무인 줄 알았죠."

"아니지. 나무도 추운 겨울을 준비하느라 잎을 다 떨어뜨린 것이란다.
  잎은 없어도 살아 있는 나무란다. 이제 알겠니?"

스승의 말끝에 카비는 추운 겨울의 이치를 깨달았습니다.

나이 많은 자고새

먼 옛날, 히말라야 산기슭에 용나무 한 그루가 있었습니다. 그 용나무는 우뚝한 키 때문에도 아주 유명했지만, 품이 아주 넓어서 너나 할 것 없이 모두가 용나무에 의지하며 살고 있었습니다.

많은 동물들이 용나무에 집을 짓고 새끼를 낳아 기르며 살다가 떠나고 다시 돌아오곤 하였습니다.

그 중에서도 자고새와 원숭이와 코끼리, 이 셋은 자주 만나서 음식도 나누어 먹고 많은 이야기도 주고받으면서 친하게 지냈습니다.

때때로 자고새는 코끼리의 등 위에 달라붙은 벌레를 잡아주었습니다.

원숭이는 높은 가지에 달린 열매를 따서 코끼리에게 주었습니다.

코끼리가 용나무 근처에 있을 때, 자고새와 원숭이는 아무런 걱정 없이 놀 수 있었고 깊은 잠을 잘 수 있었습니다.

아침부터 저녁까지 날마다 서로 보면서 함께 지내는 사이가 되자 자고새와 원숭이, 코끼리는 서로 반말을 하면서 차츰차츰 다투는 일도 생겼습니다.

"야, 야, 왜 그래!"

"너, 그럴래? 진짜!"

"야, 그러지 마!"

이제 방금까지 웃으면서 잘 지내다가도 서로 싸울 듯이 다투곤 하는 일이 잦아졌습니다.

어느 날 코끼리와 자고새가 토닥거리며 다투는 모습을 원숭이가 보았습니다.

원숭이는 생각했습니다.

'우리는 분명히 서로 좋아하는데 왜 자꾸 다투는 걸까?'

원숭이가 코끼리와 자고새에게 말했습니다.

"얘들아, 우리끼리 싸우지 말자. 응?"

코끼리와 자고새가 원숭이를 보았습니다.

"난 너희들이 다툴 때마다 너무 슬프고 정말 무섭기도 해."

원숭이의 말을 듣고 코끼리와 자고새는 고개를 푹 숙이면서 말했습니다.

"미안해."
"미안해, 앞으로는 싸우지 않을게."
"우리 싸우지 말자, 이젠."

원숭이가 코끼리에게 말했습니다.

"우리끼리 말을 함부로 하니까 서로 싸우는 일이 생기는 것 같아.
너, 몇 살이야?"
"내 나이?"

코끼리는 잠시 생각하다가 용나무를 쳐다보면서 말했습니다.

"내 나이는 말이야……. 내가 아주 어릴 적에 이 용나무가
내 다리 사이에 들어온 적이 있었어. 그 후로 한참이 지나서
이렇게 크게 자랐으니, 그만큼 나이를 먹은 셈이지."

그 대답을 듣고 자고새가 원숭이에게 물었습니다.

"넌 몇 살이야?"

원숭이가 우쭐거리며 말했습니다.

"흠, 난 말이지……. 어릴 적에 땅바닥에 앉은 채로 저 용나무 꼭대기에
달린 잎을 따먹곤 했어. 음, 그러니까 내가 코끼리보다 먼저 용나무를
아는 셈이지."

코끼리가 자고새에게 물었습니다.

"넌 어때?"

자고새가 말했습니다.

"아주 옛날 저 멀리 떨어진 마을에 아주 크고 멋진 용나무가 있었지.
내가 그 나무의 열매를 따 먹고 난 뒤, 이곳에 날아와서 똥을 쌌거든?
그런 뒤에 싹이 터서 이 나무가 자라더군.
그러니까, 내 나이는 뭐, 흐흠."

원숭이와 코끼리는 자고새의 말을 듣고 합창하듯이 말했습니다.

"오오, 그래요! 자고새님!"

코끼리가 먼저 말했습니다.

"자고새님이 우리들 가운데서 가장 나이가 많으니까 앞으로 공경하며
잘 따르겠습니다. 그리고 원숭이 형님! 제가 잘 모실게요. 제가 제일 막내
니까요."

원숭이도 활짝 웃으면서 그 말에 맞장구쳤습니다. 그 날부터 용나무 아
래서는 싸우는 소리도 다투는 일도 없이 항상 웃음소리와 기분 좋은 일만
가득했답니다.

코끼리와 메추라기

먼 옛날 히말라야 산기슭에 코끼리가 무리 지어 살고 있었습니다. 8만 마리가 넘는 코끼리들은 대왕 코끼리를 따라서 이리저리 풀밭을 헤쳐 가며 배를 채웠어요.

그 풀밭 한쪽에는 메추라기 한 쌍이 둥지를 틀었습니다. 사이좋은 메추라기 부부는 아홉 개의 알을 낳아서 따뜻이 품고 정성을 다해 보살폈습니다.

"어서 빨리, 나오렴. 듣고 있니? 얘들아!"

메추라기 부부는 아이들이 태어나기를 애타게 기다렸습니다. 왜냐하면 코끼리 떼가 둥지 근처로 몰려오고 있다는 것을 알았기 때문입니다.

"드두두두둥, 드두두두둥……."

온종일 멈추지 않고 갈수록 더 가까이 다가오는 소리에 아빠 메추라기는 두려워졌습니다. 엄마 메추라기가 덜덜 떨면서 울었습니다.

"여보, 우리 애들 어떡하죠?"
"으음, 걱정 말아요. 내가 해결해 볼게요."

그렇게 대답하면서도 아빠 메추라기는 어찌 할까 고민했습니다.

'내 아기들이 코끼리에게 밟히면 어떡하지?
 큰일이야. 정말 큰일인데, 어떡하지?'

아빠 메추라기는 날마다 밤을 꼴딱 지새우며 고민했습니다.

'좋은 방법이 없을까? 어떻게 하면 좋을까?'

며칠이 지난 뒤, 마침내 기다리고 기다리던 아기 메추리들이 태어났습니다. 모두 아홉 마리였습니다. 메추리 엄마 아빠는 매우 기쁘기도 했지만 또 다른 걱정 때문에 불안했습니다.

'애들이 어서 날 수 있어야 할 텐데……'

갓 태어난 메추리들이 엄마 아빠와 함께 날아갈 수 있을 만큼 날개가 커지는 데에는 많은 시간이 필요했습니다. 엄마 아빠, 두 메추라기는 서로 번갈아 가면서 열심히 아기 메추리들을 키웠습니다.

그러던 어느 날이었습니다.

"드두두두둥, 드두두두둥……"

갑자기 아주 가까이에서 땅이 흔들릴 만큼 몹시 큰소리가 들렸습니다. 코끼리 떼가 근처에 왔다는 신호였어요. 엄마 메추라기는 대왕 코끼리 앞으로 휙 날아갔습니다. 그리고 두 날개를 모아 공손히 합장한 뒤에 말했습니다.

"제발, 우리 가족을 살려 주세요.
 아이들이 아직 날지 못하니까, 부디 밟지 마세요."

대왕 코끼리가 말했습니다.

"걱정 마세요. 내가 꼭 보호해 줄게요. 둥지는 어디에 있어요?"

대왕 코끼리는 엄마 메추라기를 따라가서 풀숲의 둥지를 보았습니다. 대왕 코끼리는 앞발을 살짝 내밀어서 메추라기 둥지에 지붕을 만들어 주었습니다.

그 자세로 8만 마리의 코끼리가 거의 다 지나가도록 꼼짝하지 않고 서 있던 대왕 코끼리가 말했습니다.

"난 이제 가야 해요. 저기 뒤에 오는 마지막 코끼리에게 다시 한 번
 부탁하세요."

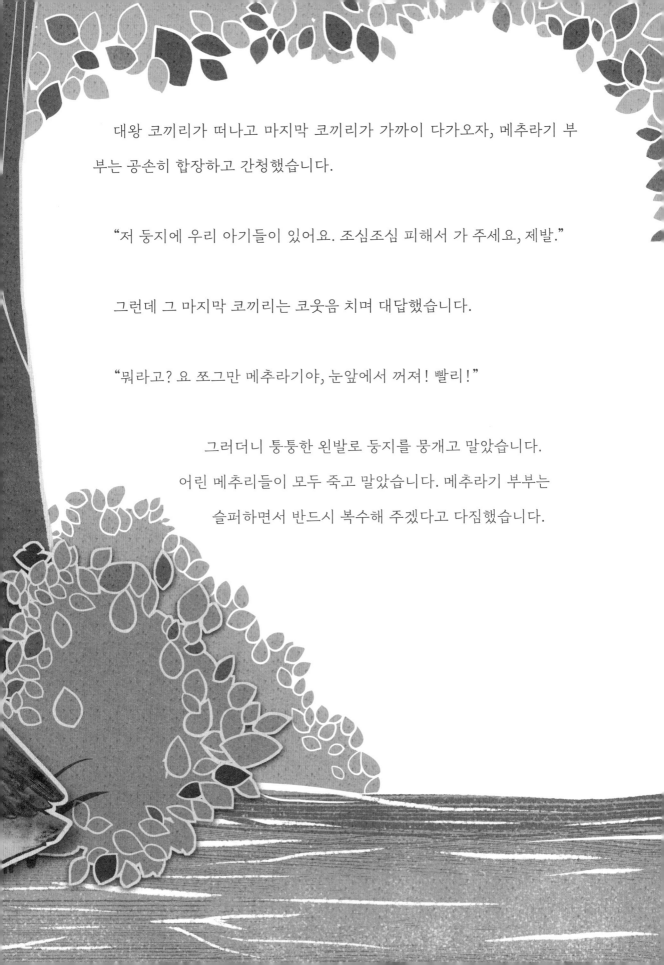

대왕 코끼리가 떠나고 마지막 코끼리가 가까이 다가오자, 메추라기 부부는 공손히 합장하고 간청했습니다.

"저 둥지에 우리 아기들이 있어요. 조심조심 피해서 가 주세요, 제발."

그런데 그 마지막 코끼리는 코웃음 치며 대답했습니다.

"뭐라고? 요 쪼그만 메추라기야, 눈앞에서 꺼져! 빨리!"

그러더니 퉁퉁한 왼발로 둥지를 뭉개고 말았습니다.
어린 메추리들이 모두 죽고 말았습니다. 메추라기 부부는
슬퍼하면서 반드시 복수해 주겠다고 다짐했습니다.

먼저 까마귀에게 가서 사연을 모두 이야기하고 부탁했습니다.

"부디, 그 못된 코끼리의 두 눈을 쪼아 버려 다시는 앞을 못 보게
 해 주세요."

까마귀는 두말없이 승낙했습니다. 그런 뒤에 메추라기 부부는 쉬파리
에게 가서, 다시 또 사연을 이야기한 뒤에 부탁했습니다.

"눈먼 코끼리의 두 눈구멍에 가득 알을 낳아 주세요."

쉬파리도 두말없이 좋다고 승낙했습니다. 메추라기 부부는 다시 개구
리에게 가서 사정을 얘기하고 나서 부탁했습니다.

"저 눈먼 코끼리가 물을 찾거든, 산꼭대기 벼랑으로 유인해 주세요.
 그런 다음에 벼랑 밑으로 내려가서 울어 주세요. 그러면 됩니다.
 완전히……."

개구리까지도 좋다고 쉽게 승낙했습니다. 마침내, 어느 날 눈먼 코끼리
는 개구리의 울음을 따라가다가 벼랑 끝으로 쑥 떨어지고 말았습니다. 메
추라기 부부는 벼랑에서 떨어져 땅에 누운 코끼리의 몸 위로 이리저리 날
아다니며 한없이 울었습니다. 원한은 갚았지만 세상 떠난 아기 메추리들은
다시 돌아오지 않았습니다.

지혜로운 수탉

먼 옛날 아름다운 숲 속에 백 마리의 암탉과, 수탉 한 마리가 함께 살고
있었습니다. 모두 백 한 마리의 닭들은 숲 속 이곳저곳을 날다가 걷다가,
이리저리 몰려다녔습니다. 한동안 닭들은 아무런 위험도 없이 평온하게 잘
지냈습니다.

어느 날, 검푸른 매 한 마리가 닭들이 오가는 모습을 보더니 그 숲 속에
둥지를 틀었습니다.

'햐아, 참말로 맛난 먹이가 저렇게 많다니!'

큰 매는 몹시 기뻤습니다. 닭은 가장 좋아하는 먹이였기 때문입니다.

'당분간 먹이 걱정을 전혀 할 필요가 없겠군. 으흐흐…….'

그 날부터 큰 매는 매일 닭 한 마리씩을 잡아먹으면서 아주 편히 지냈습
니다.

하지만 닭들은 날마다 슬픔이 커져 갔습니다. 암탉이 하루에 한 마리씩,
한 마리씩 줄어들었고…….

그렇게 백 일이 지났습니다. 결국에는 백 마리의 암탉이 모두 사라지고 수탉 혼자만 살아남았습니다. 수탉은 큰 매의 눈에 띄지 않도록 요리조리 숨어 다녔습니다.

다음날 큰 매는 남은 수탉 한 마리마저 잡아먹으려고 애써 찾았습니다만, 숲 속 어디에도 수탉은 없었습니다.

'어디 있지? 수탉이 어디로 갔나?'

큰 매는 수탉을 유인하기 시작했습니다. 이리저리 날면서 큰 매가 소리쳐 말했습니다.

"사랑하는 나의 수탉, 어디 있나? 이리 나오렴!"

수탉은 온몸에 소름이 쫙 돋는 것을 느꼈습니다.

'맙소사! 어쩌지?'

수탉이 숨어 있는 대숲 가까운 곳으로 다가가면서 큰 매가 걸걸한 소리
로 불렀습니다.

"여어, 수탉! 어디 있어?"
"수탉아, 나랑 놀자! 나 무섭지 않아. 잘해 줄게."

그 말을 들은 수탉은 너무나 어이가 없었고, 파르르 살이 떨렸습니다.

"뭐라고? 나는 너랑 친하기 싫어. 저리 가! 저리 가란 말이야."

수탉은 울대가 찢어질 만큼 비명을 지르며 울부짖었습니다.

"나마저 잡아먹으려는 수작인 줄 내가 모를 줄 알고? 꺼져, 제발!"

큰 매는 수탉의 울음소리가 들리는 방향으로 더 가까이 가면서 말했습니다.

"저기 먹이 많은 곳 있어. 거기 가서 함께 맛난 것 먹자, 응!
  나 너 안 잡아먹어. 정말이야. 그럼, 참말이지."

큰 매는 수탉이 숨어서 꼼짝도 하지 않자 달래듯이 속삭였습니다.

"내가 말이야, 지금까지는 못된 짓을 참 많이 했지?
  날 못 믿는 널, 백 번 천 번 이해하고말고, 그럼. 이해하지."

하지만 현명한 수탉은 암탉들과 달리 호락호락하지 않았답니다. 수탉이 큰 매에게 말했습니다.

"친구가 되자고? 너랑 나랑? 이봐, 난 너 같은 친구 필요 없어."
"여길 당장 떠나 버려, 제발."
"여길 당장 떠나 버려, 제발."
"여길 당장 떠나 버려, 제발."

그러고 나서 수탉은 또 다시 이렇게 세 번을 외쳤습니다.

"성질 나쁜 너 같은 놈과 친하게 지낼 수 없어."

"성질 나쁜 너 같은 놈과 친하게 지낼 수 없어."
"성질 나쁜 너 같은 놈과 친하게 지낼 수 없어."

숲이 쩌렁쩌렁 울릴 만큼 크게 수탉이 울었습니다.

그러자 숲 속의 나무 신들이 모두 다 같은 마음으로 수탉의 외침에 똑같이 맞장구쳐 주었습니다.
수탉이 다시 말했습니다.

"나는 안 믿어. 거짓말하는 너. 나는 안 믿어. 이기적인 너.
나는 안 믿어. 생명을 해치는 너. 자, 어서 빨리 넌 이곳을 떠나라.
난 네 행실 모두 다 알고 있어."

수탉의 말이 끝나자, 큰 매는 날개를 축 늘어뜨리며 천천히 숲을 떠나갔습니다.

은혜 갚은 사자

먼 옛날 인도의 동쪽 숲에는 수많은 동물들이 가족과 함께 행복하게 살아가고 있었습니다. 그 숲에서 가장 높은 언덕배기에는 언제나 사자 한 마리가 아래를 굽어보며 앉아 있었습니다.

저 멀리 푸른 물을 자랑하는 호수가 금빛으로 반짝이고, 호숫가에는 온갖 나무들이 저마다 고운 자태를 뽐내며 향기를 내뿜었습니다. 호수 옆으로 드넓게 펼쳐진 풀밭에는 한가로이 사슴들이 노닐고 있었습니다.

그 때 사슴들의 움직임을 따라 눈길을 떼지 못하는 동물이 있었습니다. 바로 언덕배기에 앉아 있던 사자였습니다. 머리부터 목덜미까지 돋아 있는 검푸른 갈기가 소리 없이 위엄을 치장해 주고 있었습니다.

사자가 팔과 허리를 쭉 늘이며 기지개를 펴면서 큰소리로 말했습니다.

"어흐응, 저 사슴에게 가 볼까? 오늘은 사슴을 먹어야지."

사자는 사슴을 향해 내달리기 시작했습니다. 사자가 달려오자 사슴들은 냅다 뛰기 시작했습니다. 이리저리 방향을 달리하면서 사슴들은 날듯이 도망갔습니다.

사자는 가장 약해 보이는 사슴을 목표물로 정했습니다. 그런데 뛰어가던 사자의 발목이 늪에 빠져 움직이지 않았습니다.

"어랏, 내 발이 이상해. 어어, 계속 들어가네!"

사자가 늪에서 벗어나려고 움직일수록, 그만큼 더 깊이깊이 빠져들었습니다. 그 사이 사슴들은 모두 사자의 눈 밖으로 멀리 달아나 버렸습니다. 사자는 네 발이 모두 늪에 빠져서 움직이지 못했습니다. 사자는 몹시 고통스러워서 울부짖었습니다.

"어흐으응, 아흐으으, 누가 날 좀 구해 줘요."

사자는 너무나도 배가 고팠습니다. 하루, 이틀, 사흘이 지났습니다. 사자는 이리저리 궁리했습니다.

'어떻게 하면 좋지? 어떻게 하면 이 늪에서 벗어날 수 있지?'

그렇게 궁리만 하다가 엿샛날이 지나고 말았습니다.
사자가 늪에 빠진 지 이렛날이 되자, 저 멀리에 승냥이 한 마리가 지나가고 있었습니다. 온 힘을 다해서 사자는 승냥이를 불렀습니다.

"나 좀 도와줘. 제발, 나 좀 꺼내 줘. 응? 제발!"

승냥이는 마음속으로 생각했습니다.

'너 또 누굴 괴롭히다가 그렇게 되었구나? 흥!'

"지금 혼자 산책중이야. 나 혼자 널 꺼낼 수는 없을 거야."
"아니, 아니야, 너 혼자 할 수 있어. 할 수 있고말고.
 난 엄청 살이 빠졌거든."

승냥이는 또 혼자 걱정했습니다.

'쟤는 살이 빠졌다고 말하지만, 배가 엄청 고프다는 말로 들리는데?'
'아마도 꺼내놓으면, 날 잡아먹을지도 몰라.'

승냥이는 꾀를 내어 말했습니다.

"내 친구들을 데려올까? 조금 더 기다려 봐."

사자는 슬픈 눈빛으로 애걸했습니다. 눈물을 흘리면서 울었습니다.

"제발, 날 꺼내 줘. 응? 부탁해. 내가 꼭 이 은혜 잊지 않고 갚을게.
 정말이야, 약속할게."

사자의 눈물에 그만 마음이 약해진 승냥이는 온 힘을 다해서 사자를 늪
에서 끌어내 주었습니다. 사자는 승냥이에게 무릎을 꿇고 감사하다고 말하
면서 맹세했습니다.

"이제부터 평생 널 잊지 않을게. 죽을 때까지 변치 않고 이 은혜를
 갚을게. 정말이야. 맹세해."

그 후로 사자는 기력을 회복하고 나서 먹잇감을 얻을 때마다 승냥이에
게 나누어 주었습니다. 그래서 승냥이는 먹이 걱정 없이 자신이 좋아하는
산책만 즐기면서 놀았습니다.

사자는 승냥이와 함께 살기로 결정했습니다. 그런데 암사자는 그런 승냥이를 고깝게 생각했습니다. 아무래도 일없이 놀고먹는 승냥이가 미웠기 때문입니다.

어느 날, 사자가 사냥을 나가고 없을 때, 암사자는 승냥이를 괴롭히면서 그만 떠나라고 구박했습니다. 승냥이는 두려움에 떨면서 수사자를 기다렸습니다.

해질 녘에, 수사자가 돌아오자 승냥이는 이제 그만 떠나겠다고 하면서 그 이유를 다 말했어요.

"네 아내가 날더러 떠나라고 했어."

수사자는 암사자에게 말했습니다.

"지난 번, 내가 칠일 동안 집에 돌아오지 못했을 때, 다 죽어가는 나를 살려준 승냥이에게 나는 맹세했소. 평생토록 그 은혜를 갚기로 말이오. 그러니, 앞으로는 절대로 구박하지 마시오. 알겠소?"

그 때부터 승냥이와 사자 가족은 사이좋게 행복을 누리며 오래오래 함께 살았으며, 그들의 우정은 대를 이어 지속되었다고 합니다.

잃어버린 보배 동굿

아주 먼 옛날 인도를 다스렸던 범여 왕 시절 이야기입니다.

범여 왕은 자비롭고 지혜가 깊어서 백성들의 사랑을 듬뿍 받았답니다. 사람들은 만날 때마다 태평한 세상은 다 범여 왕 덕분이라고 칭찬했고, 아무런 재난 없이 행복을 누리는 것도 모두 범여 왕 덕택으로 돌렸습니다. 백성들은 부지런히 일했고, 해가 지면 가족들과 편안한 밤을 보냈습니다.

하늘 가득히 무지개로 빛이 나던 어느 봄날이었습니다.

"여봐라, 우리 오늘 꽃구경 가자."

범여 왕은 시종들과 함께 왕궁 밖으로 나갔습니다. 온갖 꽃들이 이제 막 피어나는 봄 동산에 이르자 범여 왕이 말했습니다.

"여기가 좋겠구나. 여기서 놀다 가자."

시종들이 자리를 펴고 준비를 마치자, 범여 왕은 마차에서 내려 이리저리 걸으면서 꽃향기를 흠씬 만끽하였습니다. 악사들이 음악을 연주하기 시작하자, 가수는 노래를 부르고 무희들은 춤을 추었습니다.

잠시 뒤에 범여 왕은 자리에 누워서 하늘을 보다가 스르르 잠이 들었습니다. 한참 뒤에 범여 왕이 잠에서 깨어 일어나 앉았습니다. 그 때 왕의 상투머리가 풀어져 어깨로 흘러내리자, 다시 머리를 고정하려고 동곳을 찾았어요. 그런데 상투를 틀어 올려서 고정하던 동곳이 온데간데없이 사라지고 없었대요.

범여 왕의 동곳은 왕실의 보물이었습니다. 그 동곳에는 대대로 내려오는 아주 귀중한 보석이 박혀 있었기 때문이에요.

범여 왕은 궁전으로 돌아와서 명령을 내렸습니다.

"어서 빨리, 동곳을 찾아와라. 만약 그렇지 못하면, 너희 모두에게 큰 벌을 내리리라."

왕의 명령이 떨어지자 궁전에는 싸늘한 기운이 돌고 사람들은 서로를 의심하기 시작했습니다.
온 나라의 보배였던 왕의 동곳이 사라졌다는 소문은 금세 궁 밖으로 퍼져 나갔습니다.

'어떡하지? 나라의 보물이 사라졌대!'
'누가 보배 동곳을 숨겼지?'

궁전의 안팎에 사는 사람들 모두 다 걱정하면서 보배 동곳을 찾아다녔습니다. 하지만 왕의 동곳이 어디로 갔는지 아무도 알지 못했습니다.

그 때 한 장로가 범여 왕을 만나러 궁전에 들어갔습니다. 그런데 궁전의 분위기가 사뭇 달랐습니다. 언제나 활기차고 생기 넘치던 궁전에는 서늘한 공포만 가득하여, 사람들 얼굴에는 초조한 불안감이 가득했습니다.

범여 왕을 만난 장로가 물었습니다.

"무슨 근심거리가 생겼습니까?"

왕은 장로에게 이런저런 이야기를 털어놓으면서 보배 동곳을 찾을 길이 없다고 한숨을 길게 내쉬었습니다. 장로가 잠시 생각한 뒤에 이렇게 대답했습니다.

"알겠습니다. 이렇게 하지요. 먼저 흙덩이와 지푸라기를 가져다주세요. 그리고 동산에 함께 있었던 사람들을 한데 모아주세요."

수십 명의 사람들이 모두 모이자 장로는 흙덩이를 사람 수대로 뭉쳐서 지푸라기로 묶은 뒤에, 그들에게 한 덩이씩 나누어 주었습니다.

"여러분, 여러분 중에 누군가 보배 동곳을 가지고 있거든, 지금 받은

흙덩이에 쑤욱 넣어서 내일 아침 우물 옆에 놓아둔 항아리에 넣어
주세요. 물론 동곳이 없다면 흙덩이만 그대로 항아리에 넣으면 됩니다.
만약 내일 동곳을 가져온다면 왕께서도 처벌하지 않을 겁니다.”

그리고 장로는 왕에게 물을 채운 항아리를 성문 옆 우물에 놓아두라고
말했습니다. 드디어 날이 밝자, 장로는 다시 범여 왕에게 가서 물었습니다.

“어떻게, 보배 동곳은 찾았습니까?”

풀이 다 죽은 왕이 기어들어 가듯이 대답했습니다.

“걱정입니다. 항아리 속에는 흙뿐이고, 동곳이 없어요.”

장로는 잠시 생각하더니, 다른 방법을 써보자고 권했습니다.

“이번에는 마당에 장막을 치고 그 안에 아주 큰 항아리를 준비해서
물을 가득 담아 주세요. 그리고 궁 안의 모든 사람은 장막 안에
한 명씩 들어가서 손을 깨끗이 씻고 나오라고 하세요.
이번에는 찾을 수 있을 겁니다.”

범여 왕은 고개를 끄덕이며 장로의 말을 그대로 따랐습니다.

"이번이 마지막 기회다. 이번에 동곳을 돌려준다면,
 그 누구라도 죄를 묻지 않겠다."

그러자 보배 동곳을 훔친 신하는 두려움에 떨면서 생각했습니다.

'마지막이라고, 응! 마지막! 덕 높은 장로가 끝까지 찾아내고 말 거야.'

그는 단단히 결심하고, 자기 차례가 와서 장막 안으로 들어갔을 때, 보배 동곳을 항아리에 빠뜨리고 나왔습니다.

왕과 장로, 딱 두 사람을 제외한 모든 사람이 장막 안에 들어갔다가 손을 씻고 나왔습니다. 왕비도 왕자도 예외가 아니었습니다. 아니나 다를까, 보배 동곳은 물 항아리 속에 고스란히 남아 있었습니다. 범여 왕은 장로의 지혜를 빌어서 무사히 보배 동곳을 찾을 수 있었습니다.

왕은 매우 기뻐하면서 그 누구에게도 더 이상 죄를 추궁하지 않고 용서해 주었습니다. 범여 왕이 장로를 바라보며 환한 미소를 지으며 말했습니다.

"역시, 큰일이 생기면 지혜로운 장로가 필요해요."

그리고 왕은 장로에게는 아주 많은 선물과 보배들을 가득 안겨 주었답니다.

이름은 그저 이름일 뿐

먼 옛날 인도에는 '바보'라는 이름의 소년이 살았습니다. 소년의 할아버지는 귀한 손자가 태어나자 너무도 기쁜 마음에 온 마을 사람들에게 큰 잔치를 열어서 아이의 앞날을 함께 축복했습니다. 그런데 그 할아버지는 뜻밖에도 손자에게 '바보'라는 이름을 지어 주었습니다.

자기 아들의 이름이 '바보'라고 하자, 며느리와 아들은 몹시 당황했습니다. 며느리는 울컥 화가 나서 투정을 부렸습니다.

"제 아들 이름이 '바보'라구요? 아버님, 정말 너무 하세요."

할아버지는 고집을 부렸습니다.

"애야, 아주 좋은 이름이란다. 이름은 '바보'지만,
 지혜 많은 꾀돌이가 될 거야."

할아버지는 손주가 귀하면 귀할수록 이름은 낮추어야 한다고 생각했습니다. 옛 어른들은 그렇게 해서라도 남들의 질투도 피하고, 모든 위험을 피해서 오래도록 행복하게 살기를 바랐던 것입니다. 소년의 아버지는 그 뜻을 이해하고 나서 아들의 이름을 달리 고쳐 부르지 않았습니다.

세월이 흘러서 점차 말을 하고 뜻을 알게 된 바보는 자기 이름이 너무나 싫었습니다. 길을 걸어가면 누구나 장난을 치듯이 바보를 부르며 놀리곤 했습니다.

"야, 바보야, 바보야, 어디 가니?"
"저 바보, 이제 말은 할 줄 아나? 바보야, 어디 가니?"

그렇게 온갖 놀림을 받을 때마다 집으로 돌아온 바보는 오래오래 울었습니다.

'아, 정말 싫어. 내 이름은 왜 바보야.'

하지만 부모님과 할아버지께 그 말을 차마 하지 못했습니다. 그분들이 자신을 얼마나 사랑하는지 잘 알고 있었기 때문입니다.

어느 날, 바보의 아버지는 아들이 지혜로운 사람이 되길 바라면서 가장 유명한 스승에게 데려갔습니다.

"제 아이가 바보입니다. 부디 잘 가르쳐 주세요."

아버지는 스승의 집에 아들을 남겨 두고 집으로 돌아갔습니다. 혼자 남은 바보는 스승님께 부탁드렸습니다.

"제 이름이 바보인데요, 제 이름 좀 바꿔 주세요. 이름이 너무 싫어요."

스승은 가만히 미소 지으면서 말했습니다.

"바보야, 그러면 어떤 이름이 좋겠니?"

"으음, 글쎄요. 잘 모르겠어요. 그래도 바보는 정말 싫어요. 바보 빼고 다 좋아요."

"바보야, 그럼 말이다. 여기저기 다니면서 네 맘에 쏙 드는 이름을 누가 갖고 사는지 찾아보렴. 그렇게 해서 좋은 이름을 찾아오면, 그 이름으로 널 불러 줄게."

"네, 좋아요."

바보는 그 날부터 사방팔방으로 마음에 쏙 드는 이름을 찾아다니기 시작했습니다. 바보가 좋은 이름을 찾아서 길을 떠난 지 얼마 되지 않았을 때, 성대한 장례 행렬을 만났습니다. 바보가 물었습니다.

"누가, 죽었습니까?"

"장살리라는 사람이 죽었어요."

"이름이 '장살리'라면, '오래오래 살 사람'이라는 뜻인데,
  그 이름을 갖고도 그렇게 죽어요?"

"이름만 '장살리'면 뭐합니까? 스물도 안 됐는데,
  그만 저 세상으로 떠났어요."

"네, '장살리'라는 좋은 이름도 아무 소용없군요."

바보가 한탄하며 실망하자 어떤 이가 말했습니다.

"이름은 그저 이름일 뿐이오. 목숨 붙은 사람은 모두 언젠가는
다 죽기 마련인데, 그것도 모르다니……. 당신 참 '바보' 같군요."

그 말을 들은 바보는 너무나 부끄러워서 길을 재촉했습니다.

쉬지 않고 길을 가던 바보는, 어느 집 담장 안에서 주인이 울부짖는 여자를 때리고 있는 장면을 보았습니다. 사람들이 웅성거리면서 구경하고 있었어요.

"저기요, 무슨 일이에요?"
"저 '공주'가 빚을 갚지 못해서 맞고 있대요."
"공주라고요?"
"아, 맞고 있는 저 여자 이름이 '공주'랍니다. 어떡해, 흐흐으윽……."

바보가 고개를 갸웃거리며 물었습니다.

"공주라면서 빚을 다 졌답니까? 가난한 공주래요?"
"허어 참, 이 사람은? 그냥 이름만 공주지, 거지나 진배없죠.
 근데 그것도 몰라요? '바보' 아냐, 이 사람?"

그러자 바보는 얼른 그 자리를 피했습니다.

"아아, 이름은 이름일 뿐! 그저 이름은 이름일 뿐이구나."

바보는 크게 깨닫고서, 스승에게 다시 돌아가기로 마음먹었습니다. 그런데 너무나 멀리 와 버린 바보는 어느 쪽으로 가야 할지 알 수 없었어요. 바보는 길을 가는 사람에게 물었습니다.

"저요, 길 좀 물을게요."

그러자 그 사람이 대답했습니다.

"저도 길을 잘 몰라요, 길을 잃었어요."
"저, 이름이 뭡니까?"
"길안다라고 합니다."
"아니, 길안다? 이름은 '길을 잘 안다'는 뜻이네요?"

길안다가 대답했습니다.

"이름만 그러면 뭐합니까? 맨날 길을 잃고 마는데…….
 어디 이 세상에, 누가 자기 이름처럼 살 수 있답니까?"

그제야 바보는 확 깨달았습니다.

"아아 정말로, 이름은 그저 이름일 뿐이구나."

바보는 온갖 고생을 다한 뒤에야 마침내 스승의 집으로 돌아왔습니다.
스승이 바보에게 물었습니다.

"그래, 맘에 드는 이름은 찾았어?"
"아니요. 정말로 이름은 이름일 뿐이고, 좋은 이름처럼 그대로 사는
 사람도 못 만났어요. 이름이 복을 가져다주는 것은 아닌가 봐요.
 으음, 그냥 제 이름 그대로 살게요."

스승은 큰 지혜를 얻었다고 바보를 칭찬하고 함께 웃었답니다.

백발백중 사냥꾼

먼 옛날 인도에는 사냥을 나가서 결코 빈손으로 돌아오지 않기로 유명했던 사냥꾼이 살았습니다. 사냥꾼이 숲으로 가는 날은 그 가족은 물론이고 마을 사람 모두가 기뻐했습니다.

"오늘은 뭘 잡아오려나?"
"여보게, 나도 좀 나눠 줄 거지?"
"이봐, 난 꿩이 필요하네. 꿩 좀 잡아다 주게."

사냥꾼이 채비를 갖추고 숲으로 가는 길에 만나는 사람들은 제각각 자신이 원하는 동물을 말하면서 부탁했습니다.

몸집이 아주 큰 독수리, 맛이 좋은 공작이나 꿩, 기르고 싶은 예쁜 앵무새, 토끼, 자그마한 메추라기……

사람들이 그에게 부탁하는 사냥감은 날짐승, 길짐승을 가리지 않았습니다. 때로는 킹코브라와 같이 독을 지닌 무섭고 위험한 뱀이라든지, 호랑이와 코끼리까지, 사냥의 대상이 되었습니다.

무엇보다 놀라운 점은 한 번 부탁을 받은 동물은 결코 놓치지 않고 사냥해 온다는 사실이었습니다. 그는 백발백중으로 유명한 사냥꾼이었습니다. 마을 사람들은 그를 '백발백중'이라고 불렀습니다.

"저길 봐, 백발백중이 간다."

"또 숲에 가나 봐, 어이, 백발백중!"

"백발백중! 백발백중……."

사냥꾼은 그 별명이 몹시 자랑스러웠습니다. 사실, 그가 숲에 있는 모든 생명을 백발백중으로 잡을 수 있었던 비결은 특별한 사냥 도구를 사용했기 때문입니다. 그 사냥꾼은 자신이 목표로 삼은 동물의 특성과 습관에 맞추어서 온갖 도구를 발명했습니다. 도구뿐만 아니라 동물에게 치명적인 극약을 쓰기도 했고, 때로는 은밀하게 함정을 파서 산 채로 잡기도 했습니다.

사냥꾼은 자신의 기술이 최고라는 자부심으로 똘똘 뭉쳐서, 티끌만큼도 두려움이 없었습니다. 덩치가 큰 동물이든, 무서운 독을 지닌 동물이든, 날카로운 이빨을 지닌 동물이든, 조금도 주저하지 않았어요.

하지만 사냥꾼이 숲에 들어오면, 모든 동물들은 서로서로 연락을 주고받으며 그를 피하는 데 정신이 없었습니다.

"아아악, 사냥꾼이 왔다."

"빨리빨리, 빨리빨리, 숨어! 숨어!"

"저 나쁜 사냥꾼이 또 왔어!"

그렇지만 그 날도 사냥꾼은 마을 사람이 부탁한 꿩과 메추라기를 몽땅 잡아서 돌아왔습니다. 사냥꾼은 집안에 그물망을 쳐 놓고 그 안에 잡아온 꿩과 메추라기를 풀어놓았습니다. 그는 사냥한 동물을 시장에 내다 팔 때까지 우리에 넣어두고 먹이를 주었습니다.

우리 속 동물에게 먹이를 주면서 사냥꾼이 말했습니다.

"어서 어서, 많이 먹고 살이 찌렴."

그 때 꾀 많은 메추라기 한 마리가 생각했습니다.

'저 사냥꾼은 우리를 이렇게 잡아 가두고서 모이를 주고
토실토실 살이 찌길 바라는구나.'
'주는 대로 이 모이를 먹으면, 난 시장으로 팔려 가고 말 거야.'

영특한 메추라기는 모이를 전혀 먹지 않고, 우리 속에서 요리조리 피해 다녔습니다.

사냥꾼은 장날이 오면 어김없이 메추라기 중에서 살이 튼실한 놈만 골라서 내다 팔았습니다. 모이를 전혀 먹지 않은 메추라기는 빼빼 마르기 시작했습니다.

어느 날, 사냥꾼이 그 메추라기를 보고 말했습니다.

"저 놈은 너무 말라서 팔 수 없군. 저러다 죽으려나? 내다 버려야겠어."

영리한 메추라기는 가만히 누워서 죽은 시늉을 했습니다.

그러자 사냥꾼은 메추라기를 붙잡아 우리 밖으로 나와서, 손바닥에 올려놓고 이리저리 살펴보았습니다. 바로 그 때였습니다.

"파드득, 파드득…….."

꾀 많은 메추라기는 온 힘을 다해서 날개를 저으며 하늘 높이 날아가 버렸습니다. 사냥꾼은 깜짝 놀라서 메추라기가 날아간 하늘만 하염없이 바라보았습니다.

하늘로 날아간 코끼리

먼 옛날 인도에는 온 나라 사람들이 아낌없이 사랑했던 코끼리가 살았답니다.

코끼리의 이름은 백상(白象)이었어요. 온몸이 눈처럼 하얘서 백상이라고 불렀대요.

"백상아, 백상아!"

"저기, 백상이 가네."

백상이 거리를 활보할 때마다, 사람들 모두가 코끼리 이름을 부르며 환하게 웃어 주었습니다. 인도 사람들은 백상을 한번 보기만 해도 행운을 만나고 많은 복을 받으리라고 믿었어요.

"저 늠름한 걸음발을 보세요. 정말 멋져요!"

"휘이휘이, 팔락이는 귀를 봐!"

"야아, 저 긴 코를 봐!"

"백상아, 어디 가니?"

"여기, 여기, 날 봐! 이쪽!"

백상이 거리에 나타나면, 어른 아이 할 것 없이 그 뒤를 따라가며 서로 서로 백상의 축복을 받으려고 몰려다녔습니다.

어느 날, 국왕이 백상을 타고 거리로 나갔습니다.

그런데 그 날도 사람들은 백상에게 축복을 받으려고 난리가 났습니다. 저마다 먼저 축복을 받겠다고 백상 앞으로 다가서면서 머리를 들이밀고, 백상의 코를 끌어당기며 소란을 피웠습니다. 왕의 시종들이 아무리 말려도 사람들은 백상을 부르면서, 밀치고 당기고 넘어지면서 그치질 않았어요.

국왕은 몹시 화가 났습니다.

'나는 왕이야! 저 사람들이 나를 무시하는 것 아냐?'
'사람들이 나보다 더, 코끼리만 좋아해!'

궁전으로 돌아온 국왕은 시종에게 명령했습니다.

"지금 당장, 조련사를 불러와!"

황급히 코끼리 조련사가 오자 국왕이 말했습니다.

"백상이 매우 뛰어난 능력을 갖고 있다는데, 사실이냐?"
"네, 네, 그렇고 말구요. 제가 열심히 훈련시켰습니다."
"그래? 그렇다면 내일 아침에 그 재주 좀 보자꾸나."

조련사는 마음이 초조했습니다.

'갑작스레 왕이 왜 저러지?'

백상은 조련사의 불안한 마음을 헤아리고 말했습니다.

"놀라지 마세요. 제가 잘할게요. 걱정 마세요."

백상은 두려운 마음에 어쩔 줄 몰라 떨고 있는 조련사를 안심시켜 주었습니다.

다음날 아침, 백상과 조련사는 국왕의 정원으로 나갔습니다.
미간을 잔뜩 찌푸린 채로 그 둘을 노려보던 국왕이 명령했습니다.

"일단 궁 밖으로 나가자. 넓은 곳으로 가자!"

국왕은 마차를 타고, 조련사는 코끼리에 올라타고서 길을 떠났습니다.
숲 속을 지나, 언덕배기에 이르자 행렬이 멈추었습니다. 그 곳은 좁디좁은 언덕 끝이었습니다.

"흐흠, 이제 여기서, 저 코끼리가 할 수 있는 모든 재주를 부려 봐라.
어디 한번, 세 발로만 서 봐. 한 발 들고!"

조련사는 그들이 멈추어 선 언덕 끝, 저 아래로 낭떠러지가 보이자, 온몸이 후들거려서 말하기조차 몹시 힘들었습니다. 바들바들 떨면서 백상에게 말했습니다.

"세 발로 서! 백상!"

백상은 긴 코를 들면서 한 발을 땅에서 떼었습니다. 국왕은 다시 명령했습니다.

"오호, 그럼 이제 두 발로만 서 봐!"

조련사가 백상에게 말했습니다.

"백상, 두 발로 서!"

백상은 코로 땅을 짚으면서 앞다리 둘만 남기고, 뒷다리를 모두 공중으로 번쩍 올려 세웠습니다. 국왕은 깜짝 놀랐습니다.

"어라, 그럼 이제 한 발로 서 봐!"

조련사는 백상에게 말했습니다.

"한 발로만 설 수 있지? 자, 한 발로 서 봐!"

백상은 세 발을 들고서, 뒷발 하나만으로 거뜬하게 버텼습니다.
그러자 국왕은 몹시 화를 내면서 외쳤습니다.

"야, 날아 봐! 날 수도 있지?"

그 때 조련사는 깨달았습니다.

'아아, 저 왕은 우리를 죽이려 하는구나.
이 벼랑 아래로 떨어지길 바라고 있어.'

조련사가 백상의 귀에 대고 가만히 말했습니다.

"백상아, 넌 이 나라, 저 따위 국왕에겐 어울리지 않아.
힘껏 날아 봐! 날 수 있지?
우리 다른 나라로 가자."

백상은 한번 고개를 끄덕이더니, 땅을 박차고 휘익 소리와 함께 공중으로 날아올랐습니다. 언덕 위, 언덕 아래서, 수많은 사람들이 허공을 나는 백상을 쳐다보며 감탄했습니다.

"와아아, 백상이 날아가네!"
"우아아, 백상이 하늘을 걸어가고 있어!"

백상과 조련사는 마치 땅을 걷듯이 공중을 걸어서 다른 나라로 가버렸습니다. 국왕은 백상이 날아간 허공을 바라보며 한참 동안 기다리고 기다렸지만, 백상은 영영 돌아오지 않았답니다.

니그로다 사슴 왕

먼 옛날 인도에, 온몸이 황금빛으로 찬란한 사슴이 태어났습니다. 몸에서 빛이 나던 그 사슴은 니그로다 나무처럼 쑥쑥 자라서 다른 어떤 사슴보다 몸집도 아주 컸답니다. 그래서 이름도 '니그로다'가 되었대요.

"니그로다, 너는 왕처럼 크고 멋지구나."
"넌 우리들 중 최고 왕이야."
"정말, 왕 중 왕이지. 그럼!"

모든 사슴들이 니그로다 사슴을 무리의 왕으로서 깍듯이 대접하고 잘 따랐습니다. 그러다 보니 자연스럽게 니그로다는 숲에 사는 사슴들의 왕이 되었고, 사방에 소문이 퍼졌습니다.

"니그로다가 사슴 왕이 되었다네!"
"황금빛 니그로다, 사슴 왕 만세!"

그 때 인도를 다스리던 범여 왕은 사냥을 무척 좋아했습니다. 범여 왕이 사냥해서 잡은 고기로 날마다 식탁을 채우고, 신하들과 온갖 동물 요리를 즐겨 먹었습니다.

왕의 일행은 큰 동물, 작은 동물, 날짐승, 길짐승, 가리지 않고 사냥했습니다. 숲에는 동물이 갈수록 줄어들었습니다. 왜냐하면 범여 왕이 날마다 숲으로 사냥을 나갔고, 갈 때마다 닥치는 대로 동물을 잡아들였기 때문이에요.

날이 갈수록 백성들은 걱정이 많아졌습니다.

"어쩌지? 어떡하지?"

"허허, 짐승들이 다 죽어 가네."

"이러다가, 동물들 씨가 다 말라 버리겠어요."

어느 날, 마을 사람들이 니그로다 나무 아래 모여서 회의를 했어요.

"닥치는 대로 사냥하는 저 몹쓸 왕을, 어떻게 하죠?

"아이고, 앞으로 어느 동물이 살아남을까요?"

"이러다가는 우리가 먹을 고기도 동이 나게 생겼어요."

백성들은 꾀를 내었습니다.

"왕이 가장 좋아하는 고기는 사슴이라는데……."

"그럼, 이렇게 합시다. 우선 잡기 쉬운 사슴들을 한데 모아두고,
 왕이 사슴들만 사냥하게 합시다. 어때요?"

"좋습니다. 좋아요."

백성들은 왕을 만나서 간청했습니다.

"날마다 숲으로 사냥 나오는 왕 때문에 백성들이 살기가 너무
 힘듭니다. 이제는 왕의 동산에 잡아놓은 사슴들만 사냥해 주세요.
 제발 부탁드립니다."

왕과 신하들은 그렇게 하겠다고 약속했습니다.
하지만 왕의 동산에 갇힌 사슴들은 너무나 슬펐습니다. 사냥 나온 왕의
화살을 피하려고 사슴들은 이리저리 정신없이 도망 다녔습니다. 하지만 좁
은 동산 안에서 범여 왕은 순식간에 여러 마리 사슴들을 잡고 말았습니다.
사슴들 수가 확확 줄어들었습니다.

사슴들은 결국 죽을 수밖에 없는 운명이라면 순서를 정해서 차례대로
죽음을 맞이하기로 결정했습니다. 그러던 어느 날, 아기를 밴 암사슴 차례
가 왔습니다. 암사슴은 뱃속의 아기마저 죽일 수는 없었어요. 그래서 니그
로다 사슴 왕을 찾아갔습니다.

"니그로다, 나 좀 도와줘요. 이제 다음이 내 차례인데, 아기를 낳은 뒤에
 갈 수는 없을까요? 제발, 제 아기들만은 살려 주세요."

암사슴은 울부짖으면서 하소연했습니다. 황금빛 니그로다는 암사슴을
위로하며 말했습니다.

"걱정 말아요. 그렇게 하세요."

니그로다는 암사슴 대신에 범여 왕이 겨눈 화살을 향해 성큼성큼 걸어
갔습니다. 그러자 범여 왕은 황금빛 니그로다의 등장에 깜짝 놀랐습니다.

"아니, 너는 사슴 왕이 아니냐? 너를 죽일 수는 없지.
 넌 귀하디귀한 몸이야."

니그로다가 대답했습니다.

"나는 아기를 밴 암사슴 대신에 죽을 각오를 했으니,
 어서 날 쏘세요."

범여 왕은 아까운 마음에 황금빛 니그로다를
차마 쏠 수가 없었어요. 괴로워하는 범여 왕을
보면서 니그로다가 말했습니다.

"제발, 우리들을 놓아주세요. 누구나 목숨은 하나뿐이랍니다.
범여 왕 당신처럼 우리도 죽음이 무섭고 오래오래 살고 싶어요.
난들 지금 죽고 싶겠어요?"

니그로다의 진심 어린 간청에 범여 왕의 마음이 움직였습니다.

"니그로다, 너처럼 자비롭고 지혜로운 사슴은 이제껏 본 적이 없어.
네 말을 듣고 보니, 지금까지 내가 사냥한 동물들에게 너무나
미안하구나."

범여 왕은 니그로다의 희생 정신에 깊이 감동했습니다. 그리고 동산에
남아 있던 모든 사슴들과 동물들에게 자유를 주었습니다. 니그로다 덕분에
숲 속의 동물들 모두 오래오래 행복하게 살았답니다.

검은 까마귀의 하얀 피

.

먼 옛날 바라나시 왕국에는, 날마다 목욕을 하고 신을 모신 사원에 가는 것을 일과로 삼았던 사람들이 아주 많았답니다.

어느 날, 왕의 사제가 강에서 목욕을 하고 깨끗한 옷으로 갈아입은 뒤에 집을 나섰습니다. 사제는 사원으로 가는 길목에서 만나는 모든 사람들에게 인사를 건네면서 안부를 물었습니다. 사제가 사원 문으로 들어올 때, 지붕에 앉아 있던 검은 까마귀가 말했습니다.

"흐음, 저 사제 옷이 너무 하얀데 말이야."

옆에 있던 갈까마귀가 대답했습니다.

"멋진데, 왜?"
"난, 저 머리통에 똥을 싸고 싶어."
"말도 안 돼. 그러지 마. 저 사제, 얼마나 좋은 사람인데, 너 몰라?"

그러자 입술을 삐딱하게 꼬면서 검은 까마귀가 말했어요.

"그래? 쟤 옷이 너무나 하얗단 말이야. 크으으흐."

검은 까마귀는 낮은 소리로 웃으면서 생각했습니다.

'하얀 것들은 무조건 싫어, 밉다고!'

갈까마귀가 그 마음을 충분히 안다는 듯이 말렸습니다.

"야, 그래도 그러면 너 안 돼. 저 사람, 힘도 아주 세단 말이야.
 이 나라 왕이 저 사람 친구야!"

열을 내며 말리는 갈까마귀에게, 검은 까마귀는 더욱 못된 소리를 내며
눈알을 굴렸습니다.

"크아아앙, 그렇다면, 더, 더, 더 해보고 싶은 걸!"
"안 돼. 너 때문에 우리가 다 죽을 수도 있어.
 저 사람 화나면 우릴 다 죽일 거야."

잠시 뒤에 사제가 본당 밖으로 나왔습니다. 사제를 보자마자 검은 까마
귀가 푸르르 날더니, 사제 머리 위로 딱 맞추어 똥을 싸고 말았습니다.
 추르륵……, 똥이 떨어지는 소리에 놀란 갈까마귀는 얼른 그 자리를 피
해서 도망쳤습니다.

"오오옴, 라마, 라마, 라마……."

기분 좋게 신의 이름을 흥얼거리며 나오던 사제는 너무 놀라 소리쳤습니다.

"아아악! 이게 뭐야!"
"저, 저, 까마귀 새끼!"

그 날부터 사제는 까마귀를 보기만 하면, 소리치고 내치고 미워하기 시작했습니다. 그러던 어느 날, 왕은 사제를 궁전으로 불렀습니다.

"난 요즘 큰 걱정거리가 생겼어."
"뭐가 큰 걱정인데요?"
"코끼리 부대에 병에 돌아서 모두 시름시름 앓아누웠어."
"그래요?"
"온 세상 유명한 의사들을 불러서 이리저리 치료해도 못 일어나는데, 어떡하지?"

사제는 그 말을 듣고 꾀를 내어 말했습니다.

"저어, 이렇게 해보시죠. 좋은 약이 있어요."
"뭔데? 좋은 약이라고?"

"까마귀 중에는 우윳빛 나는 피를 가진 놈이 있다고 하는데…….

그 피를 먹으면 만병이 낫는대요. 그 놈을 잡아서 약으로 쓰면

어떨까요?"

그 말을 듣자마자, 왕은 신하를 불러서 명령했습니다.

"어서 빨리 까마귀의 하얀 정혈을 가져와라! 어서, 어서! 서둘러!"

그 날부터, 사람들은 닥치는 대로 까마귀를 잡아서 배를 벌린 뒤에, 피색을 확인하고 나서 버리곤 했어요. 온 나라 마을마다 까마귀 시체가 쌓이고, 썩어가는 냄새는 견딜 수 없을 지경에 이르렀어요.

겨우 살아남은 까마귀들은 갑자기 들이닥친 재앙에 놀라서 멀리 이웃 나라로 달아났습니다. 결국 온 나라에 까마귀가 다 없어진 뒤에야, 사람들은 왕의 명령이 황당하다고 수군거렸습니다. 우윳빛이 나는 피를 가진 까마귀는 단 한 마리도 찾을 수 없었기 때문입니다.

"흰둥이 까마귀가 있을까?"
"시커먼 까마귀의 피가 하얗다고?"

그 때서야 사람들은 깨달았습니다. 이 세상에 없는 까마귀의 흰 피를 구해오라는 왕의 명령이 참으로 어리석었다는 사실을 말이죠. 그런데 사람들에게 잡혀서 영문도 모르고 죽게 된 까마귀들은 그 연유를 알기나 했을까요? 도대체 왜 그렇게 하루아침에 죽게 되었는지 짐작이나 했을까요?

뻐드렁니 도마뱀

먼 옛날 인도에는 사방 어디서나 볼 수 있는 높이로 우뚝 솟은 궁전이 있었습니다. 그 궁전에는 범여 왕이 살았어요. 모든 사람들이 범여 왕을 따르고 존경했습니다.

어느 해, 길었던 장마가 끝나고 햇빛이 강렬해지자 풀과 나무도 쑥쑥 자라기 시작했습니다. 덩굴 식물들은 궁전의 기둥을 타고 하루 이틀 만에 기둥 끝에 닿을 정도로 빨리 자랐어요.

"어랏, 어제까지만 해도 기둥이 말끔했는데? 이 풀은 언제 자랐지?"

사람들이 날마다 놀랄 만큼 기둥마다 덩굴 식물이 감아 올라가고 있었어요.

그러던 어느 날, 범여 왕은 궁전 기둥에 기대어 서서, 저 멀리 경치를 구경하고 있을 때였어요.

"찌이익, 뿌지직."

왕이 기대고 있던 나무 기둥에서 무슨 소리가 나기 시작했어요. 그 곁에 서 있던 신하는 깜짝 놀랐습니다.

"아이고, 대왕님! 어서 피하셔요."

놀란 궁녀들도 순식간에 도망치기 시작했습니다.

"아아, 궁전이 무너져요. 어서 어서, 피해요."

그런데 떠들썩하게 소리치는 신하, 궁녀와 달리 범여 왕은 전혀 놀라지 않았습니다. 범여 왕은 소리가 난 쪽의 기둥들을 요리조리 살펴보기 시작했습니다.

"흐흠. 여기가 문제로군."

나무기둥이 썩고 있었는데 아무도 몰랐던 것입니다.

"아참, 지난 장마철에 너무 많은 비가 왔었지."

왕은 기둥을 덮고 자란 덩굴손을 뜯어내면서 말했습니다.

"이 기둥을 빨리 고쳐야겠어."

왕은 목수를 불러서 기둥을 고쳐달라고 부탁했습니다. 목수들은 궁전의 기둥을 대신할 나무를 찾기 시작했어요. 그러나 궁전을 버틸 만큼 튼튼하고 단단한 기둥 재목은 구하기 어려웠어요. 공사가 늦어지고 아무런 소식이 없자 범여 왕은 다시 목수를 불렀습니다.

"아직도 기둥으로 쓸 만한 나무를 못 구했다고?"
"우리가 기둥 재목을 찾기는 했습니다만……."
"아니, 그런데 왜 이렇게 늦어요?"

목수가 주저하면서 대답했습니다.

"유일하게 쓸 만한 나무가 궁전 안 정원에 있어요."
"뭐라고요?"
"왕의 나무라는 저 큰 나무 말고, 달리 쓸 만한 나무가 없어서요.
하도 갑작스런 공사라서 나무 찾기가 너무 힘드네요."

왕은 잠시도 머뭇거리지 않고 허락했습니다.

"수백 살이 넘은 나무지만, 베어야지 어쩝니까? 그렇게 하세요."

목수는 왕의 허락을 받고 나서 곧바로 왕의 나무로 갔습니다. 내일 아침 나무를 베어 낼 수 있도록 모든 준비를 해놓고 집으로 돌아갔습니다.

그러자, 왕의 나무에 살고 있던 여러 새들과 곤충, 벌레들은 깜짝 놀랐습니다.

"우리들 집이 없어질 거래! 얘들아, 어떡하지!"

그 때 뻐드렁니 도마뱀이 천천히 눈을 껌벅이며 말했어요.

"걱정 마. 내가 지켜 줄게. 나만 믿어."

그 때까지 뻐드렁니 도마뱀은 친구 하나 없이 외롭게 살았답니다. 입 밖으로 툭 튀어나온 뻐드렁니 때문에 모두 무서워하면서 피하기 바빴어요. 그런데 자신이 나무를 구할 수 있다고 하니, 다들 깜짝 놀랐습니다.

"글쎄, 그러면 좋겠지만 말이야."

새와 곤충, 벌레들은 믿을 수 없다는 듯이 시큰둥하며 이삿짐을 싸기 시작했습니다.
날이 밝았습니다. 목수 여러 명이 나무를 둘러싸고 의논을 시작했습니다.

"어라, 전에 없던 구멍이 생겼네요. 이러면 안 되죠."
"못 쓰겠네. 쯧쯧."

"이런 구멍투성이 나무로 기둥은 못 만들어요."

속절없이 애가 탄 목수들은 어쩔 줄 몰라 하며 왕에게 달려갔습니다.

허둥지둥 떠나는 목수들을 바라보며, 뻐드렁니 도마뱀 혼자서 환한 미소를 짓고 있었습니다. 뻐드렁니 도마뱀이 밤새도록 아름드리 왕의 나무에 듬성듬성 깊은 홈을 파놓았던 것입니다. 온갖 새들과 곤충, 벌레들이 뻐드렁니 도마뱀에게 감사 인사를 건넸습니다.

"뻐드렁니, 너 덕분이야. 나 이사 안 가니까 너무 좋아! 고마워."

갑자기 뻐드렁니 도마뱀에게는 많은 친구가 생겼어요. 새들은 음식을 나누어 주면서 인사를 건넸고, 곤충과 벌레들도 더 이상 뻐드렁니를 피하지 않고 말을 걸었습니다.

"뻐드렁니, 잘 잤니?"
"뻐드렁니, 밥 먹었어?"
"뻐드렁니, 너 어디 가?"

뻐드렁니 도마뱀은 더 이상 혼자가 아니었어요. 더 이상 외롭지도 슬프지도 않았습니다. 이젠 기쁨도 슬픔도 함께 해줄 친구들이 생겼으니까요. 뻐드렁니 도마뱀은 혼자서 잠들어도 마냥 행복한 미소를 지었답니다.

가류타이와 삽 자루

먼 옛날 인도에 구담이라는 학덕 높은 스승이 있었습니다. 그 당시 인도에서는 아이가 일곱 살이 되면 스승의 학당으로 가서 공부하는 것이 전통이었답니다.

"구담이 최고야!"
"암, 구담께서 제일 잘 가르치셔요."

구담은 매우 뛰어난 스승으로 유명했어요. 아이를 가진 부모라면 누구나 구담에게 자녀를 맡기고 싶어했습니다.

현명하고 지혜로운 구담은 아이의 능력에 따라 눈높이를 맞추어서 가르쳤습니다. 똑똑한 아이에게는 상세하게 가르쳐 주고, 조금 뒤떨어지는 아이에게는 아주 쉽게 가르쳐 주었답니다. 그렇게 구담에게 배운 아이들은 일찍이 공부를 마친 뒤에 집으로 돌아가곤 했습니다.

그런데 한 아이, 가류타이는 매우 공부가 느렸습니다. 똑같은 공부를 한 번, 두 번, 세 번씩 반복하여도 금방 까먹고 말았어요. 가류타이와 함께 왔던 아이들은 모두 집으로 돌아가서 장가를 가고 자식을 낳았어요. 하지만 가류타이는 공부를 다 끝내지 못해서 집에도 가지 못했습니다. 가류타이의 부모는 걱정이 많았습니다.

"쟤를 어쩌면 좋아요? 이제 그만 포기할까요?
 장가도 가야 하는데…….”

구담이 말했습니다.

"조금만, 조금만 더 기다려 봅시다.”

구담은 그렇게 쉽게 포기할 수 없었습니다. 그 때까지 단 한 명의 제자
도 포기한 적이 없었기 때문입니다. 구담은 그 날 밤, 자기 전에 가류타이
를 불렀습니다.

"얘야, 침대가 삐걱거리는데 뭔가 좀 받쳐 주렴.”
"네, 알겠습니다.”

아침에 잠에서 깨어난 구담은 깜짝 놀랐습니다. 침대를 받치고 있는 것
은 가류타이의 다리였기 때문입니다.

"가류타이, 너 왜 그러고 있는 거야?”

"침대를 받칠 만한 다른 것을 못 구해서요."

"아아, 가류타이!"

구담은 너무 놀라서 할 말을 잃었습니다. 그는 가류타이의 마음을 헤아리지 못한 자신을 탓하면서, 가류타이를 어루만져 주었습니다.

'얘를 어쩌면 좋지?'

구담은 고민 끝에, 새로운 방법을 고안했습니다.

"가류타이, 오늘부터 너는 숲에 가서 나뭇잎을 주워 오렴.
 그리고 돌아오면 숲에서 본 것을 다 말해 줘. 알았지?"

"네!"

가류타이는 구담이 시킨 대로 숲에 갔다가 나뭇잎을 주워 담아 돌아왔습니다.

"가류타이, 숲에서 뭐 봤니?"

"뱀을 봤어요."

"뱀이 어떻게 생겼더냐?"

"꼭 삽 자루같이 생겼어요."

"오호, 그래?"

구담은 흐뭇한 표정을 지었습니다.

'드디어 비유를 다 쓸 줄 아는구나.'

다음날 가류타이가 숲에 다녀온 뒤, 구담이 다시 물었어요.

"가류타이, 오늘은 숲에서 뭘 봤니?"

"커다란 코끼리를 봤어요."

"코끼리를 봤다고? 어떻게 생겼더냐?"

"네, 그게 꼭 삽 자루같이 생겼더라구요."

'아하, 코끼리의 코나 아니면 긴 상아를 보고 삽 자루와 같다고
 말하는구나.'

구담은 가류타이의 말을 이렇게 추측했습니다.

어느 날, 구담이 가류타이에게 물었습니다.

"오늘은 뭘 했니?"

"친구가 사탕을 줘서 잘 먹었어요."

"그래? 그 사탕, 어떤 모양이었어?"

"음, 삽 자루 모양이었어요."

'아하, 막대 손잡이가 달린 사탕이었나 보구나.'

구담은 또 이렇게 추측하며, 다행이라고 여겼습니다.

그 다음날이었습니다. 구담은 또 가류타이를 불러서 하루 일을 물었습니다.

"네, 오늘은 우유죽을 먹었어요."
"그래? 우유죽이 어떻더냐?"
"우유죽이 꼭 삽 자루 같았어요."

구담은 활짝 웃고 있는 가류타이를 멍하니 바라보았습니다.

"아아, 나도 이젠 어쩔 수 없구나. 지금까지 가류타이가 했던 말은
 다 틀린 비유였어."

마침내, 구담은 가류타이를 포기하고 집으로 돌려보내고 말았답니다.

현명한 대왕 쥐

먼 옛날 인도에, 쥐들이 모여 사는 숲이 있었습니다. 쥐들은 가장 몸집이 큰 쥐를 왕으로 모시고 대왕이라 불렀어요.

"대왕님, 대왕님!"

대왕 쥐를 부르는 소리가 여기저기에서 끊이지 않았습니다. 대왕 쥐는 몸집만 큰 것이 아니라 꾀도 많고 재주도 아주 많았답니다.

"대왕님, 대왕님!"

누군가 자신을 부르는 소리가 들리면, 대왕 쥐는 얼른 달려가서 도와주고, 문제를 척척 해결해 주었습니다. 모든 쥐들은 대왕 쥐의 말을 따랐고 진심으로 존경했습니다.

그러던 어느 날이었어요. 반얀 나무 아래서 대왕 쥐를 중심으로 백팔 마리의 쥐들이 한데 모여 놀고 있었습니다.

그런데 바로 그 반얀 나무 한 가지에는 검은 고양이 한 마리가 단잠에 빠져 있었어요. 나무 아래서 쥐들이 소란스레 떠드는 소리에 깨어난 고양이가 입맛을 다시면서 생각했습니다.

'니야아옹! 백 마리도 넘겠는 걸!
 당분간 사냥할 필요도 없겠어, 흐으흥…….'

슬금슬금 아무 소리도 없이 나무 아래로 내려간 검은 고양이는 입을 크게 벌리고, 한 다리만 딛고 꼿꼿이 서 있었어요. 한참 동안 쥐들은 그저 놀이에만 집중할 뿐이었고, 고양이를 본척만척 무시했어요. 마치 땅에 박힌 나무 막대기처럼 꼼짝도 하지 않던 고양이는 하품하듯이 소리를 냈습니다.

"니야아아아아옹!"

그 소리를 들은 대왕 쥐가 고양이에게 다가가서 물었습니다.

"여기서 너 뭐해?"
"나? 수행 중이야!"
"으흠, 힘들지 않아? 한 다리로 서 있는 거 말이야."

고양이가 어깨를 으쓱하면서 대답했습니다.

"뭐, 오래도록 하던 수행이니까 괜찮아.

만약 네 발로 땅을 밟으면 말이야, 이 땅이 꺼져 버리고 말 걸."

대왕 쥐가 다시 물었어요.

"근데, 입은 왜 벌리고 있는 거야?"

"난 공기만 먹어. 공기 말고 다른 것은 전혀 먹지 않아."

"오홋, 그래?"

대왕 쥐는 몹시 놀랐습니다.

'고양이가 고기를 전혀 안 먹고 산다고? 참 착한 고양이구나!'
"근데, 넌 왜 동쪽을 보고 서 있는 거야?"
"아, 그건 말이야. 내가 태양을 신으로 믿거든."
'오호라, 신심도 깊구나!'

대왕 쥐가 다른 쥐들에게 말했습니다.

"이 고양이는 참 착한 것 같아, 우리가 잘 돌봐 주자."

그 날부터 날마다 쥐들은 고양이가 서 있는 주변을 청소해 주고, 고양이를 돌봐 주었습니다. 해가 질 때면 쥐들은 줄 지어서 집으로 돌아갔습니다. 그럴 적마다 고양이는 맨 뒤에 따라가는 쥐를 슬쩍슬쩍 잡아먹곤 했습니다.

그러던 어느 날, 대왕 쥐는 함께 사는 쥐들의 수가 차츰차츰 줄어들고, 사라지고 없는 쥐들도 많다는 것을 알아챘습니다.

'아무래도 이상해. 예전에는 이 집이 비좁을 정도로 가득했는데, 지금은 빈 공간이 너무 많아. 참 이상한 일이야.'

대왕 쥐는 곰곰이 생각하다가, 문득 고양이를 떠올렸습니다.

'오늘은 내가 맨 끝에 서야겠어.'

그 날도 쥐들은 고양이 곁에서 종일토록 놀다가, 해가 지자 쥐들은 모두 줄을 맞추어 집으로 돌아가기 시작했습니다. 대왕 쥐는 다른 쥐를 모두 앞장서게 하고 나서, 맨 뒤에 붙어서 따라가던 찰나였습니다. 살금살금, 고양이가 대왕 쥐를 덮치려는 순간, 몹시 긴장하고 있던 대왕 쥐는 얼른 몸을 피했어요. 그 때 대왕 쥐는 알아챘습니다.

'아, 이렇게 우리 아이들을 잡아먹었구나!'

대왕 쥐는 재빠르게 고양이 목에 올라탄 뒤, 순식간에 고양이의 숨통을 끊어버렸어요. 그리고 앞서 가던 쥐들도 모두 몰려와서 고양이를 낱낱이 찢어 먹고 말았습니다.

정말 순식간에 벌어진 일이었습니다.

수행자인 척 쥐들을 속이고 몰래몰래 쥐를 잡아먹던 사기꾼 고양이의 죽음을 전해 들었던 그 누구도 슬퍼하지 않았답니다.

아름다운 연꽃 소녀

먼 옛날부터 인도에서는 물이 조금만 고여 있어도 연꽃이 잘 자라났어요. 연꽃이 피어나면 저마다 꺾어서 사원의 불상 앞에 올리거나 집에 있는 불단을 장식했답니다.

어느 날, 히말라야 기슭에도 연꽃이 피어나기 시작했습니다. 여기저기서 홀로 수행하던 이들도 모두 연못가에 모여들었습니다.

"참말로 아름답구나."
"온종일 보아도 질리지가 않아."
"향기는 또 어떻고? 은은한 향기가 비할 데 없어, 최고야!"

듬쑥이라는 수행자도 연꽃이 필 무렵 산에서 내려왔습니다. 그는 연꽃이 가득한 물가에 앉아서 명상에 들었습니다. 듬쑥이 한 자리에 앉아서 명상에 잠긴 뒤, 며칠이 흘러가도 꼼짝하지 않았습니다. 그 사이 연못 가득 피어났던 연꽃들이 차츰차츰 시들어 가고 있었어요.

어느 새 연꽃은 거의 다 지고 말았습니다. 찬란했던 연분홍 꽃 빛도 푸른 연잎 뒤로 숨어 버렸어요.

그 때 듬쑥이 명상에서 깨어나더니 천천히 자리에서 일어난 뒤, 연못으로 들어가서 몸을 씻기 시작했습니다. 듬쑥은 명상하기 시작할 때 가득 피어 있었던 연꽃이 다 지고 말아서 아쉬움을 느꼈어요. 그런데 바로 그 때, 막 피어오른 듯 꽃봉오리 하나가 봉긋 솟아 있는 것을 보았습니다. 듬쑥은 향이나 맡아 보려고 그 봉오리에 코를 쭉 내밀며 가까이 다가갔어요.

"아이코, 깜짝이야!"

꽃봉오리 속에는 예쁜 소녀가 미소 띠며 바라보고 있었어요. 듬쑥은 몹시 놀랐지만 예삿일이 아니라고 생각하며, 소녀를 데리고 히말라야 산속으로 돌아왔습니다.

소녀는 무럭무럭 자라서 보는 사람마다 감탄할 정도로 아름다웠습니다. 함께 길을 가면, 열이면 열 사람 모두가 누구냐고 말을 걸어왔습니다. 그럴 적마다 듬쑥은 퉁명스레 대답했어요.

"내 딸이오."

소녀의 미모는 마을에서 마을로 전해져서 마침내 왕궁에도 소문이 닿았습니다. 어느 신하가 국왕에게 그 소문을 전했습니다.

"히말라야 산속에 매우 뛰어난 미모를 지닌 여자가 살고 있답니다."

그 말을 들은 국왕은 직접 보고 싶어서 참을 수 없었습니다.

"어서, 그 곳에 갈 채비를 해라. 그 여자가 있는 곳으로 가자.
  내가 직접 만나 봐야겠어."

국왕은 많은 신하들과 호위병을 거느리고 아름다운 그녀를 찾아 길을 떠났습니다. 마침내 듬쑥이 머무는 오두막에 이르러서, 그녀를 찾았습니다. 국왕은 듬쑥에게 말했습니다.

"당신은 수행자인데, 여자랑 함께 살아야 되겠소?
  저 여자를 내가 데리고 가겠소."

"내 딸이오."

국왕은 그녀의 미모를 직접 본 뒤에는, 더욱 강하게 요구했습니다. 그러자 듬쑥은 조용히 말했습니다.

"그래, 좋소. 하지만, 그러기 전에 저 아이 이름을 알아맞혀 보시오.
 그렇다면야, 뭐 제가 허락하지요."
"이름을 내게 가르쳐 주면 될 일 아니오? 이름이 뭐요?"
"아니요. 생각해 내세요. 저는 말 못해요."
"좋아. 그렇게 하지."

국왕은 듬쑥의 말이 끝나자마자 신하들과 함께 머리를 쥐어짜며 그녀의 이름을 생각해 내기 시작했습니다.

"누구, 누구 아닌가요?"
"이런, 저런 이름 아닐까요?"

하지만 국왕 일행은 온 세상에서 어여쁜 이름을 모두 다 말하고 또 말하고도 틀렸다는 대답뿐, 그녀 이름은 알아낼 수 없었어요. 날이면 날마다 그런 식으로 되풀이하는 동안 일 년이 지나고 말았습니다.

마침내 국왕 일행은 지칠 대로 지쳐서 그만 돌아가기로 결정하고 나서,
듬쑥에게 말했습니다.

"아이고, 이제 그만두겠소. 당신 딸 이름이 뭐든지 간에 그만 지쳤소.
포기하겠소."

듬쑥의 뒤에서 가만히 왕의 말을 듣고 있던 그녀가 말했습니다.

"포기하지 말고 더 찾아보세요. 제 이름, 그렇게 어렵지 않은데……."

국왕은 참을 수 없이 화가 났습니다.

"넌 그렇게 웃으면서 유혹하지만, 난 부질없이 세월만 보내고 말았다.
너 이름이 아무개든 뭐든 이제 포기할게."

바로 그 때였습니다. 듬쑥이 놀라며 말했습니다.

"맞아요. 저 아이 이름은 '아무개' 맞습니다.

　저도 제 딸 이름을 몰라서 그저 '아무개'라고 불렀죠.

　이제 저 애를 데려가도 좋아요."

"뭐라고? 이름이 아무개였다고? 으아하하."

　　모두가 기뻐하면서 박수를 치고 크게 웃음을 터뜨렸습니다. 그 때서야 듬쑥은 아무개라는 이름을 지어 준 사연을 다 말해 주었어요. 독신 수행자인 자신에게 친딸이란 있을 턱이 없다는 사실까지도.

　　국왕 일행은 듬쑥의 얘기를 다 듣고 나서, 아무개는 하늘나라에서 왕비 감으로 보내 준 것이 분명하다면서 몹시 기뻐했습니다.

　　아무개는 듬쑥에게 작별 인사를 했습니다. 그리고 나서, 왕과 함께 그곳을 떠난 뒤 아름다운 궁전에서 오래오래 행복하게 살았답니다.